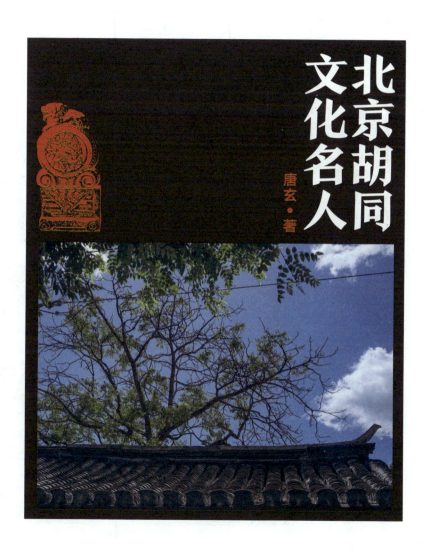

北京胡同文化名人

唐玄 · 著

北京燕山出版社
BEIJING YANSHAN PRESS

北京城是一个四方四正的城，街道都是正东正西，正南正北。

——汪曾祺

我们所最熟悉的社会和地方，不管是多么平凡，总是最亲切的，亲切，所以产生好的作品

——老舍

我爱北京的小胡同，北京的小胡同也爱我，我们已经结下了永恒的缘分。

——季羡林

01

"凡事都有偶然的凑巧，结果却又如宿命的必然。"

"有些路看起来很近走去却很远的，缺少耐心永远走不到头。"_003

"日头没有辜负我们，我们也切莫辜负日头。"_010

02

"时光，浓淡相宜。人心，远近相安。流年，长短皆逝。浮生，往来皆客。"

"对于一个有思想的人来说，没有一个地方是荒凉偏僻的，在任何逆境中，她都能充实和丰富自己。"_029

"幸福不是在有爱人，是在两人都无更大的愿望，商商量量平平和和地过日子。"_034

03

"待我成尘时，你将见我的微笑。"

"人生得一知己足矣，斯世当以同怀视之。"_051

"即使艰难，也还要做；愈艰难，就愈要做。"_054

04

"天亮之前有一个时间是非常暗的，星也没有，月亮也没有。"

"人们的前途只能靠自己的意志、自己的努力来决定。"_073

"人生的路上，有洁白芬芳的花，也有尖利的刺，但是自爱爱人的人儿会忘记了有刺只想着有花。"_076

05 "老师教给我，要学骆驼，沉得住气的动物。看它从不着急，慢慢地走，慢慢地嚼；总会走到的，总会吃饱的。"

"我们住过的椿树胡同，新帘子胡同，虎坊桥，梁家园，尽是城南风光。"_091

06 "才华是刀刃，辛苦是磨刀石，再锋利的刀刃，若日久不磨，也会生锈。"

"好，不再说了吧，要落泪了。真想念北平啊！"_107

"我想写一出最悲的悲剧，里面充满了无耻的笑声。"_111

07 "我是个拙笨的学艺者，没有充分的天才，全凭苦学。"

08 "秋天，无论在什么地方的秋天，总是好的；可是啊，北国的秋，却特别地来得清，来得静，来得悲凉。"

"向院子一坐，你也能看得到很高很高的碧绿的天色，听得到青天下驯鸽的飞声。"_147

09

"我的心呵！你昨天告诉我，世界是欢乐的；今天又告诉我，世界是失望的；明天的言语，又是什么？教我如何相信你。"

10

"无事此静坐，一日当两日。"

11

"一串一串明珠大小闪着光亮，迸出天真！"

12

"勿道人之短，勿说己之长；人骂之一笑，人誉之一笑。"

作者简介

唐玄

出生于湖南，现居北京。处女座，爱吃爱玩，一直在探索写作的奥秘。作品多见于《慢慢来，时间会回答》《半熟》《来不及说再见的青春》等图书。

这是北京许多小胡同共有的特点。

外面十分简单，里面十分复杂；外面十分平凡，里面十分神奇。

——季羡林

"凡事都有偶然的凑巧，结果却又如宿命的必然。"

01

"有些路看起来很近走去却很远的，缺少耐心永远走不到头。"

走在金宝街上，从朝阳门南小街右拐，差不多在与大羊宜宾胡同平行的位置，这里是沈从文先生一个人居住过的东堂子胡同入口。

东堂子胡同自西向东，长 700 多米。是北京历史最悠久的胡同之一。东堂子胡同最早就叫堂子胡同，后来与它西侧的一条胡同重名，便改名为东堂子胡同。

为了修建金宝街，东堂子胡同被拆得不剩下什么了。现在唯一还在的就是 49 号总理各国事务衙门的老院子，当初为了保证国家机密不被泄露，事务衙门的人往返于宫内军机处与城东东堂子，定期转送宫中的机密文件。事务衙门现在作为文物保护单位没有办

东堂子胡同

位于北京东城，东单北大街路东，东起朝阳门南小街，西至东单北大街，长700多米。

明代东堂子胡同被称为堂子胡同，后与金鱼胡同北面的堂子胡同重名，将这条东边的胡同改为东堂子胡同，另一条则叫西堂子胡同。

东堂子胡同是一条有着近800年悠久历史的胡同，也是保存最完好的胡同之一。

49号院是总理各国事务衙门，原为清大学士赛尚阿的宅邸，1861年改为总理各国事务衙门。

总理各国事务衙门旁，曾是著名文学家沈从文居住的51号院。

在东堂子胡同西口，旧时的门牌为东堂子胡同33号，现为75号，是蔡元培任北京大学校长时租住的房子，为蔡元培故居。

法进去参观。在这里，清政府还设立了中国第一所外语学校"同文馆"，但现在事务衙门巨大的院子里也只剩下东西各一间保持原样。

事务衙门的旁边，按理说应该就是沈从文先生一个人居住的东堂子51号，但现在一点原来的痕迹都找不到了。只剩下一个紧闭的玻璃大门，新建的建筑比事务衙门的围墙还要高。

"55号、51号、53号这一片都拆了，就是盖的

1949 饭庄的那个大玻璃后门。"

住在胡同里的人，大部分是 20 世纪 90 年代从其他地方搬过来的，都没有见过事务衙门旁边 51 号原本的样子。

"零几年，奥运会之前。这一片拆掉了好多房子和胡同。前面的红星胡同，梅兰芳住过的，现在也没有了，胡同两边都走不通，中间堵住了。"

"1949 饭庄"修建在正对金宝街购物中心的一端，占据了红星胡同和东堂子胡同居中的一大部分，中间的建筑都被拆掉。现在也就什么都看不到了。

我顺着东堂子胡同继续往西走，胡同西口 75 号院是蔡元培故居。

故居门口立着"蔡元培旧居"石碑，门口有一位刚退休的叔叔，我们热情地聊起来。

他说："这其实也不是蔡元培故居，只是他租住过。"

典型的四合院外墙，胡同口大门紧闭，在另一个角落青砖灰瓦的墙上，开了一道小红门，参观的人都从小门进，再原路返回。

"这原本没小门，你看这结构，这是一整面墙，原本那边是大门，但现在那边是人家的私宅。还住着人呢。"

"这是怎么发现的呢？蔡元培本来就一辈子都没买房，他没留下一套房产，他不买房子。这是八几年蔡元培的闺女还活着的时候来北京，她凭着印象找，找到这里，她认出来这个房子说就是这里，是他们之前住过的。然后，把原本住的人迁走，建的这个故居纪念馆。房子里的东西是重修后，按照当年的风格放进去的。"

蔡元培故居不是75号整个院子，只是院子东厢房的一部分，我从侧边开的小门进去，月亮门前放着"私人住宅"的牌子，根据地上的指引路线图，右拐，沿院子最右边的墙走。细长走廊的墙上展现着蔡元培一生中重要的时间影像。从走廊一直绕过庭院，走到院子最后面，就是蔡元培当年的书房和卧室，这是相邻的两间朝南小厢房，很小的房子。卧室里只简单地放了一张床和一个衣柜。书房稍大一点，靠窗一张书

排子胡同

位于北京西城，东起煤市街，西至大宏巷，呈东西走向，全长240米。胡同西口有一段向南拐折，与大耳胡同、大宏巷形成三岔路口。

相传清朝有习武之人，常在此胡同练举双石，双石成排放置，因而得名。

京剧"四大名旦"之一、程派艺术的创始人程砚秋曾住在这里。

桌，周围靠墙放着好几把大椅子和一个不算大的书柜。

我走出来，与我闲谈的退休叔叔还在。

"里面就这两间屋子，一间睡觉，一间用来他下课后和陈独秀他们开会喝茶的。"

"蔡元培的另一个家已经拆没了，现在就只有这里有一点痕迹。他当时租在这里也是方便上班，离北大近啊。以前没这么多高房子，可以直接从这儿看到老北大的红楼。他下了班，蹬个自行车就回来了。"

之后，问退休叔叔才知道，他就住附近，老北京人，从小就住在这里。经常与各种来参观的人聊天，也是研究蔡元培的民间学者啦。

从东堂子胡同东口进入大羊宜宾胡同，经过一条南北走向的宝珠子胡同，就到了小羊宜宾胡同。"仪宾"是明朝对宗室诸王女婿的一种称谓。当时胡同里住了一个杨姓县主的女婿，胡同由此得名。小羊宜宾胡同

前门西河沿街

位于北京西城，东起前门大街，西至南新华街，平行于前门西大街，东西走向。长约1150米。

自明永乐年间修建南城墙后，就被称为西河沿街，成为护城河沿。现护城河被填平，仍然沿用西河沿街的名字。

前门西河沿街220号，是一座正乙祠戏楼，很多名角儿都在这里唱过戏，梅兰芳也曾在此演出。

京剧名家、"裘派"创始人裘盛戎的故居，就位于前门西河沿街215号。

位于北京东城，东起宝珠子胡同，西接大羊宜宾胡同，与朝阳门南小街相连。

"仪宾"是明朝对宗室诸王女婿的一种称谓，但之后口口相传就走样了，变成了大羊宜宾和小羊宜宾胡同。

1971年，沈从文从东堂子胡同搬到小羊宜宾胡同居住，开始东家食西家宿的日子。

1923年，瞿秋白回到北平〔一〕，借住在大羊宜宾胡同堂兄瞿纯白家中。

和大羊宜宾胡同在明朝统称为杨仪宾胡同。但一般老百姓对"仪宾"这一称呼都不熟悉，长期口口相传变成了宜宾。

胡同西口的第一个院子，一棵大树从院子中长出来，大树茂密的树枝下藏着一扇小门。这里就是小羊宜宾胡同 3 号院。这里就是沈从文晚年东家食西家宿，张兆和带着孩子们生活的地方。

小羊宜宾 3 号院子现在也格外小，从门口墙上并排安装的许多电表箱，就能想象现在的院子里一定也是住了很多户人家。

〔一〕 北京，近现代几度改易名称，本书统一将 1937 年以前称为北平，1937 年之后（包括 1937 年）称为北京。

进入院子，走廊很窄，从地面到房子的墙面，全都是水泥，没有了以前的痕迹。沿着走廊一直往里走，发现这个院子远比外面看到的要大，靠近最里面的房子没外面整洁，有一间小小的不知道干什么用的小房子，还保留着红砖墙，电线也搭得很低，稍微高一点的人走过就需要弯下腰了。

　　院子的房屋虽然被翻修，但从每家每户的大小和房子之间的距离可以想象曾经沈从文住在这个院子里，条件何其艰苦。

　　沈从文每天都会把从东堂子到小羊宜宾胡同的这一段路走上两遍。早上到小羊宜宾胡同和孩子们一起吃早饭，之后就提着装好午饭和晚饭的饭篮子走回去。张兆和隔三岔五也会过来帮沈从文打扫、清理房间。

　　我在小羊宜宾胡同路边拍照时，正巧一个手提红色饭篮子的老爷爷从镜头前走过。

　　"当年沈先生是不是也提着这样一个篮子，每天来回走？"

　　想象着沈从文当年提着饭篮子，张兆和和孙女把他送到门口，他一个人回到东堂子胡同。这样规律的生活也成为沈从文晚年的生活方式。

"日头没有辜负我们，我们也切莫辜负日头。"

1902 年 12 月 28 日，沈从文出生于湖南凤凰。

沈从文从小就贪玩，不喜欢学习。读小学时就经常把书包藏在学校附近的土地庙里，逃学去街上看木偶戏，一看就是一整天，天黑才回土地庙拿上自己的书包回家。

有一次，看完戏他照常回到土地庙，却怎么也找不到自己的书包。第二天他只能硬着头皮去上学，在校门口遇到了毛老师。毛老师罚他跪在学校一棵楠树下，狠狠地批评沈从文说："勤有功，戏无益，树喜欢向上长，你却喜欢在树底下，高人不做，做矮人，太不争气了！"在毛老师的一番教导下，沈从文在学校一改顽劣的脾气，每天勤奋学习，成绩提高也非常快。

小学毕业后，沈从文加入了当地的游击队，也正式参军，随部队在湘、川、黔的边境及沅水流域一带驻防。

21岁的沈从文受五四运动影响，他决定脱下军装到北平读书，没有经济来源，但他渴望上大学，他想，那就到各大学去旁听。

"读书不成便做一个警察，做警察不成，那就认输，不再做别的打算了。"

1923年沈从文离开凤凰，从湖南到汉口，辗转到天津，停留十九天后，终于从北平前门车站下了车。人生地不熟的他，听任一个人力车夫，把他拉到北平西河沿的一家小客店里，在旅馆客簿上沈从文写下——沈从文，年二十岁，学生，湖南凤凰县人。

西河沿没住几天，沈从文的表弟黄村生找到他，让他搬到在前门附近的杨梅竹斜街，那里的61号西西会馆原本是由湘西人建，最开始就是为了接待上京赶考的书生和候补知县，现在，这里就成了沈从文初到北平的住所。

住在这里对沈从文来说，不仅不用租金，更重要的是会馆的位置极佳。

杨梅竹斜街位于北京西城前门。东起煤市街，西至琉璃厂文化街。胡同里曾住了一位杨姓的媒婆，便称为杨媒斜街，后被谐音为杨梅竹斜街。

杨梅竹斜街一直是条文化街，临近文化集中地之一的大栅栏、琉璃厂和东骡马市大街，出门只需向西走十五分钟就能到这些地方。小小的胡同里聚集了百十家古董店、古书店，还有许多没有店名的小店，像是中国古代的一座"文化博物馆"。大栅栏连着前门大街，街边到处是挂满了各类稀奇物件的店铺，组成无比丰富的"人文博物馆"。

沈从文经常在这些店铺里走走、看看。

他喜欢看书，各种杂书、报刊，只要是看得懂的他都看。黄村生还带他参观了宣内大街的京师图书馆分馆，沈从文几乎每天都是等待开门的那位热心读者。

除了西西会馆，没有收入来源的沈从文还住过北河沿大街附近银闸胡同里的一间由储煤间改造的小屋子，他自己在文章中也曾多次提到这"窄而霉斋"。

杨梅竹斜街

位于北京西城，东起煤市街，西至延寿街，位于琉璃厂东街。

明朝时称为斜街，后来胡同里有一个杨姓的媒婆，慢慢地被人称为杨媒斜街，后谐音雅化为杨梅竹斜街。

杨梅竹斜街中61号是湖南酉西会馆，沈从文初到北京时便住在这里，他从这里开始写作，并创作出了《边城》《长河》等作品。

银闸胡同位于故宫东侧，南北走向，两端曲折。北起五四大街，南至北河沿大街，东邻沙滩南巷，西靠草垛胡同，全长459米，宽7米，沥青路面。原为明朝御马监里草阑旧址，现在是北京市公安医院。

沈从文一边旁听北大的课，一边投考各大学校，都以失败告终。最终被中法大学录取，却因交不起28元的膳宿费而放弃了入学。

没收入，沈从文的生活十分艰苦，为了能勉强撑过年关，只能从卖他煤油的老人那里借来两百铜子。

也是在这间屋子里，沈从文迎来了他人生中的第一个转机。

一个大雪纷飞的夜晚，一个围着淡灰色羊毛围巾，顶着一帽子雪的男人，走进了这间又灰暗又小的房子。

他就是郁达夫，他收到沈从文的求助信，而看到眼前的窘迫的情景后，郁达夫不仅请沈从文吃了饭，还把身上仅剩的一些零钱和他的灰色羊毛围巾留给沈从文，说："好好写下去。"

从沈从文那里回来的晚上，郁达夫心有不忿，情绪激动地写了一篇《给一位文学青年的公开状》。他还把沈从文介绍给《晨报副刊》的主编，一个月后，沈从文的处女作《一封未曾付邮的信》在《晨报副刊》上发表。

正是郁达夫的《公开状》给了沈从文坚持的动力，犹如一个在寒冬弥留游荡的魂魄，被一把烧得正旺的柴火再次温暖，沈从文苏醒过来。

多年后，七十岁的沈从文见到郁达夫的侄女郁风。沈从文一直记得郁达夫对他的巨大帮助，他红着眼眶拉着郁风的手嘟囔着："他拿出五块钱，同我出去吃了饭，找回的钱都送给我了，那时候的五块啊。"

知道读书人的困难，之后的沈从文也对年轻人进行过各种帮助和支持。他为一个十八岁的青年刊登启事："有个未谋面的青年作家，家中因丧事情形困难，我想作个'乞醵'之举，凡乐意从友谊上给这个有希望的青年作家解除一点困难，又有余力做这件事的，我可以为这个作家卖二十幅条幅字，作为对于这种善意的答谢。这种字暂定为十万元一张。我的办法是凡要我字的，可以来信告诉我，我寄字时再告诉他如何直接寄款给那个穷作家。"这个被沈从文称为穷作家的年轻人就是后来在广州军区做了专业作家的柯原。

1980 年，柯原还专门四处打听沈老先生的住址，终于在北京找到了沈从文，当面表达了自己的感激之情。

沈从文小有所成后，胡适邀请他担任中国公学现代文学选修课的讲师。当时的沈从文只有 25 岁，学历也只是小学文化。当他第一次走上讲台，除了原来班上的学生，还有许多慕名来听课的同学，教室坐得满满的，门边窗边都站满了人，面对这么多热情的同学，他整整呆了十分钟，一句话也没说出来，好不容易鼓起勇气，开口讲课，却过于激动，将原本准备要讲一个课时的内容，十分钟就讲完了。最后，他老老实实地拿起粉笔，转身在黑板上写道："今天是我第一次上课，人很多，我害怕了。"引得学生们一阵善意地欢笑。

课后，有学生到胡适办公室"打小报告"，胡适笑着说："上课讲不出话来，学生不轰他，这就是成功。"

1930年，28岁的沈从文在胡适的办公室，遇到了18岁的张兆和，这是他和张兆和的第一次见面。在学校里，张兆和有很多的追求者，她对于这个新来的老师并没有太多在意，但沈从文对她的爱恋却一发而不可收。他的情书一封又一封地送到张兆和手中，表达着自己对她的倾慕和爱恋。张兆和作为中国公学的校花，她以一贯的方式将情书一律保存，不撕毁也不退回，只是沉默，不予理会。而沈从文的信也没因为没得到回应而停断过，还一封比一封长。终于，有一天张兆和拿着一堆沈从文写给她的"情书"，放在胡适的办公桌上，说沈老师这样总给学生写信可不好。

而胡适却将"情书"都还给张兆和，笑着回答：有什么不好！你可以多看看这个沈老师的文章，就当是学习了。

这一年，沈从文追随张兆和的脚步一直没有停，他多次在信中提到他的感情，还表示自己只愿做张兆和的奴隶。

沈从文最终打动了张兆和。

31 岁的沈从文和 21 岁的张兆和在北平，借住在西城西斜街 55 号甲杨振声家中。

西斜街位于北京市西城中部，东南起西单北大街，西北至丰盛胡同。自东南向西北倾斜，故称斜街。

1933 年 9 月 9 日，沈从文和张兆和在中央花园举行了婚礼。由张兆和的三叔张禹龄证婚，胡适主婚。

在上海的巴金得知沈从文与张兆和结婚的消息，给他们发了贺电："幸福无量。"沈从文邀请巴金到新家来做客。

巴金从上海到北平，到沈从文婚后买的府右街达子营 28 号的家中。

府右街位于西城，南起西长安街，北至西安门大街。府右街的南半部为皇城，北半部是中南海的一部

内务部街

位于北京东城，灯市口大街斜对面，东起朝内南小街，西至东四南大街，北有演乐胡同、礼士胡同，南有史家胡同。长700多米。地铁5号线灯市口站就在过了史家胡同的路口。

内务部街，最早被称为勾阑胡同，后称为构栏胡同。因民国时北洋政府的内务部设立在这里，被改称为内务部街。

内务部街现在的39号，胡同的中段北侧旧时门牌为内务部街20号，是著名学者、文学家梁实秋的故居。

分，袁世凯就任大总统后，将总统府西侧的灰厂夹道改名为府右街，成为现在的南北主干道之一。

"客厅连接一间屋子，房内有一张书桌和一张床，显然是主人的书房。他把我安顿在这里。"巴金在文章中写到沈从文和张兆和的这个新婚小房。

沈从文28号的房子并不大，只有一个小小的院子，房间里也只有一张床，客厅和书房都不大，但院子远离主干道，挨近中南海，四周很安静，适合写作。

沈从文和张兆和在这里住了4年，这是沈从文最为安定、顺遂的一段时光。28号成了当时北平重要的一个文学据点，也成了沈从文重要的文学见证地。结婚后，沈从文接手《大公报》的文艺副刊，先后创作完成了《边城》和《记丁玲》等代表作。

1937年卢沟桥事变爆发，沈从文等文人收到了教育部发布的秘密通知，要他们与北大、清华等各高校的教师们一起扮作商人经天津，坐船到武汉。

1946年，沈从文再次返回北京，受邀担任北京大学教授，他搬进了位于中老胡同的北京大学给他分配的宿舍。

中老胡同位于东城景山公园东侧，东起沙滩北街，西至西老胡同。中老胡同和西老胡同在两条胡同连接的地方形成一个九十度的拐弯，中老胡同东口正对北大红楼。沈从文、朱光潜、冯至等三十多人一起都住在这里。

1947年的春天，沈从文病倒了，无法继续创作，他说自己终究是摆脱不了一直厌烦的战争和政治，因为心事不顺，使得这场病一直拖了好几个月才好。

不久，沈从文外派到四川，正逢各单位整改，沈从文选择留在了历史博物馆。既然离开了北京大学，就不好意思再住在中老胡同的宿舍里，沈从文写信让张兆和带着孩子们尽早从中老胡同院中搬出来，他在其中的一封信中写道："你们可搬了家？搬了好，我们没有权利住下去的。不过地方太偏僻，和一切隔绝，即和图书馆隔得那么远，要读书无可为力。但是，只要你们觉得好，也就成了。"

后来，张兆和回信告诉沈从文，她们已经搬了新家，并告诉了沈从文新家的地址。

1952 年，50 岁的沈从文结束了四川的工作，回到北京。他提着行李走到张兆和信上写的地址：交道口头条胡同 12 号。

中华人民共和国成立后全国实行固定工资发放的制度，沈从文的工资延续了在北大当教授时的金额。不经意间，沈从文发现自己的工资竟然高于当时的博物馆馆长，于是沈从文主动提出"只要给我工作便利，薪资则永远不要超过馆中业务领导"这一要求。自此，他在博物馆的 25 年里，职称一直停留在副研究员上，也只拿着比普通员工稍微高一点的工资。

一年后，历史博物馆给他分配了东堂子胡同 51 号的宿舍。

东堂子胡同东起朝阳门南小街，西至东单北大街。东堂子胡同街面狭小，沈从文一家分配到的宿舍面积也很小，每天只能挤在一起，睡觉都难得安宁。

"文化大革命"期间，沈从文被下放至湖北咸宁五七干校，51号院也接二连三地被抄家，他们原本就只有三室的院子直接被压缩为一间，其中一间强制性地堆放着在他家中查封的所有藏书和一切与文化有关的纸质资料。

1971年，沈从文病中致函学校领导，要求回京治病。

"与其在此如一废物，近于坐以待毙，不仅我觉得对国家不起，从国家说，也极不经济……只因生命有限……尽可能争取一年半载时间，将一些已改正，待亲手重抄工作抄出来，上交国家。"

病中的沈从文独自一人在外地养病，经常到晚上十二点还在书桌前工作，早上醒过来再继续工作。

由于高强度地工作，他的身体越来越虚弱，人的精神也不太好，身体疲惫不堪，没有足够的精力来完成他的工作。

在病中熬过了一个春天，沈从文的儿子沈虎雏带着孙女回到北京，祖孙三代团聚，这让沈从文心情好了一些，身体也有了明显的好转。但家里因为人数的增加显得更加拥挤了。

沈从文给巴金的信中写道："因住处只一张桌子，目前为我赶校那拟印两份选集，上午她三点即起床，六点出门上街取牛奶，把桌子让我工作。下午我睡睡，桌子再让她使用到下午六点，她做饭，再让我使用书桌。这样子下去，那能支持多久！"

东堂子胡同书房里的书桌，沈从文和张兆和两人轮流使用，但他们没有一个人放弃写作，坚持一起完成了许多对文物研究的项目。

张兆和的单位作家协会，知道他们一大家人都挤在一间小小的房间里生活后，就在离东堂子胡同不远的小羊宜宾胡同分出了两间房，供他们居住。

小羊宜宾胡同位于东单东面、建国门西北面，西接北总布胡同，再往北就是"五四运动"的爆发点赵家楼胡同。沈从文一人住在东堂子胡同，张兆和带着

史家胡同

位于北京东城，在灯市口大街的对面，东起朝内南小街，西至东四南大街。胡同位于灯市口附近，地铁5号线灯市口站就在胡同的西口附近。

胡同内有史可法留下的祠堂，现在被改为史家胡同小学。胡同内还曾设过筛选赴美留学考生的考试点。

史家胡同51号是章士钊的故居，这是他在新中国成立后在北京居住的住宅。女儿章含之和乔冠华夫妇也曾在此居住，在《跨过厚厚的大红门》一书中记录了史家胡同51号的故事。

孙女们住在小羊宜宾胡同。

对沈从文来说，他一个人住，看书和写作更自由了。每天"东家食而西家宿"的两边跑的日子，也成为沈从文数年的生活方式。

直到沈从文调到社科院历史研究所，重新分配了崇文门大街22号社科院宿舍的一所宽敞房子，一家人的居住问题才得到解决，社科院还为他配了一辆汽车和司机。虽然一家人从拥挤的小房间里搬了出来，有了一套小三居，但由于崇文门大街上噪声很大，房屋的楼层也比较高，使得沈从文夫妇经常感到精神疲惫，84岁的沈从文除了阅读，已没有多余的精力再"把资料摊开来搞研究或写作了。"

每次有人来宿舍考察，沈从文他们都要把走道里保姆的小床、脸盆架等生活用品全部都搬走，等考察员走后再搬过去。考察人员每次来都会有一些不满意的，会因为书房里的床太过破旧不美观，让他们拆掉，也会因为书架上放着的稿件和封套太过凌乱，而要求他们全部拆除。

沈从文在崇文门东大街22号的寓所中度过了生命的最后几年，他常常一个人站在东大街上，看着老北京火车站的塔顶，听着火车呼啸而过的鸣笛声，看着天空。

1983 年后，沈从文因肺炎反复进出医院，身体越来越衰弱。行动开始不便，说话也少了，也越来越容易流泪。

住院期间，凤凰老家的县长等人来拜访，想请教他对凤凰的故居进行修复工作的想法，希望扩大他的影响力。沈从文急忙拒绝："不要为我花钱，我几十年都不写了，心里不安得很，不要再宣扬我了。"

几个月后，他艰难地拿起笔，他已经几年都没有握笔写字了，他勉强着给要参加筹备扩大沈从文研究学术讨论会的凌宇写了一封信："社会既不让我露面，是应当的，总有道理的。不然我哪能活到如今？你万不要以为我受委屈。其实所得已多。我不欢喜露面，请放弃你的打算，自己做你的研究，不要糟蹋宝贵生命。"

没过几天，沈从文再次拿笔，再次给凌宇写信："写几本书算什么了不起，何况总的说来，因各种理由，我还不算毕业，哪值得夸张。我目前已做到少为人知而达到忘我境界。以我情形，所得已多。并不想和人争得失。能不至于出事故，就很不错了。你必须放下那些不切事实的打算，免增加我的担负，是所至嘱。"

4 月 16 日，沈从文为同一件事，亲笔回复吉首大学沈从文研究室向成国："弟搁笔业已经半世纪。其所以如此为人，实深知如此一来，即可免去无数麻烦，比较安全，不至于在不明不白为社会变动中，陷于困难，不知何以自保，亦免朋友为难……先生所提之事，具见同乡好意，无如与弟平时旨趣甚远，心中多一负担。甚愿为弟设想，实增感谢。即此复颂安佳。弟沈从文顿。四月十六，一九八八年。"

1988年5月10日，沈从文在会见黄庐隐女儿时心脏病发作。他突然开始气闷和心绞痛，脸色发白，在神志模糊之前，他握着张兆和的手，说："三姐，我对不起你。"这是他最后的话。

晚8时30分，他静静地走了。享年86岁。

沈从文的墓地简朴而宁静，墓碑上正面是他《抽象的抒情》的题记：

照我思索

能理解"我"

照我思索

可认识"人"

背面是张充和书写的：

"不折不从　亦慈亦让，

星斗其文　赤子其人。"

"时光，浓淡相宜。人心，远近相安。流年，长短皆逝。浮生，往来皆客。"

02

"对于一个有思想的人来说，没有一个地方是荒凉偏僻的，在任何逆境中，她都能充实和丰富自己。"

　　我这次去的是东总布胡同。东总布胡同位于北京东城，东起建国门北大街，西至朝阳门南小街。东总布胡同原与现在的西总布胡同统称为总铺胡同，后被划为东、西总布胡同。从胡同西口进，胡同口就是现在的 53 号院，之前属于作家协会，现在是保护起来的旧宅院，不对外开放。

　　与贡院西街相交的丁字路口，正对的房子是东总布胡同 32 号，是当代经济学家马寅初故居。32 号院的大门和围墙明显比旁边的都高很多，灰白色的墙上雕刻有花纹，现在已经看不太清楚，从斑驳的墙顶还能看出这里曾经是一个繁华的院子。一扇红门，严重掉漆，还留有许多撕不掉的零星纸片痕迹。

过了32号，胡同路西有一大片被围起来正在施工的地方。绕过工地。我准备寻找丁玲在1949年建国后居住的东总布胡同22号中国作家协会的宿舍。但我并没有找到22号，问了胡同里的一些居民后，有的说被拆了，有的说在重新排门牌号后，就没有22号了。

现在东总布胡同的门牌号按照路北为单号，路南双号排列，我来来回回地找，还是没有22号，最后，我只能走进在19号院子和23号院子中间的北总布胡同。

东总布胡同的牌子旁边有另一个不太容易被人发现的牌子——"北大红楼与中国共产党早期革命

大翔凤胡同

位于北京西城，西起柳荫街，胡同东段有曲折，北折至后海南沿，全长480米。

大翔凤胡同是依靠恭王府的围墙而形成的胡同，旧称大墙缝胡同，后来被雅化为大翔凤胡同。现在被分割为大、小翔凤胡同。

大翔凤胡同3号院现为《民族文学》杂志社，这座离什刹海不远的小院原是作家丁玲的故居。

活动旧址"。

在后海，水养着酒吧，酒吧绕着水，我有意转了一圈，走向后海附近的丁玲故居。

大翔凤胡同在后海南岸，跨过古老的银锭桥，沿后海南沿，往西北方向，见到一个窄窄的胡同口，胡同一侧紧靠着恭王府的围墙，所以，最早被称为大墙缝胡同，后来才被雅化为大翔凤。

胡同里的大翔凤3号是作家丁玲故居，丁玲花三千元钱买下的这个独门小院。这里相比后海安静很多，小院现在是《民族文学》杂志和中国少数民族作家学会的办公地，不对外公开。门边镶嵌在墙里的小柜子，展示着《民族文学》出版的各期杂志。这座两

多福巷

位于北京东城，东四西大街南侧，东起大豆腐巷，西至王府井大街，胡同西端有曲折，全长368米，宽5米。

多福巷，清代属镶白旗，称小豆腐巷。民国称多福巷，沿称至今。

1951年，丁玲从东总布胡同22号迁入多福巷16号，直到1958年被举家放逐北大荒。

层小楼，青灰色的砖墙屋顶，朱漆房檐、木窗。

我敲了敲门，一个在上面上班的工作人员听说我是来看丁玲故居的，很热情地请我进去感受了一下。

正对院门是一个两层小楼，二楼保留着以前建筑的主体，走廊的护栏和房子红色的梁柱有一点掉漆，红色的窗框上从里面装上了玻璃。两侧是一层的平房，屋顶上搭了葡萄架。灰砖构成整体的墙面，窗框和门基本都是木结构，还保留了屋檐的山水彩色画，好像让我们感受到了当年丁玲生活的情景，这个小屋就和她曾经的主人一样安静地存在于水边人家处。

我从东四南大街上的报房胡同进去，走到大豆腐巷，就能拐上多福巷。

多福巷位于东城区，东四西大街南侧，呈东西走向，西端曲折。多福巷，清代称为小豆腐巷，民国时改为多福巷，全长 368 米。

所有的资料都在说，中华人民共和国成立后，丁玲和陈明搬入了多福巷 16 号，她在这里完成了《太阳照在桑干河上》。这段时间，也是她人生中过得最安宁的日子。

多福巷很宽，16 号我们很快就找到了。和胡同普通的房子一样，一扇小小的门，我走进去，里面不大，只有两户人家。整体看上去没有太明显翻修的痕迹，正当我看得起劲，一个路过的老大爷问我，为什么对这一家这么感兴趣。我说，在找一个作家以前住过的地方。

"丁玲吧，写《太阳照在桑干河上》获斯大林文学奖。她没住这儿，我从小就在这儿长大的，也没听老人说过有什么名人住在这里。应该是讹传。"

老大爷下了车和我说。

"她没住这边，她当时是住西口，不是这里。我猜啊，应该是那个大红楼里面。"

老人很热情地和我说，胡同口的法华寺在他们小时候，只剩半块残碑和半个龟趺，后来也被拆了。但关于丁玲，老人很激动地说，每年都有人来这里找丁玲，丁玲在这里就没住过。

究竟丁玲住哪里？……

"幸福不是在有爱人，是在两人都无更大的愿望，商商量量平平和和地过日子。"

　　1904年10月12日，丁玲出生在湖南临澧佘市镇高丰村的外婆家。

　　丁玲原名蒋伟，蒋家祖辈四代都在朝为官，父亲蒋保黔是清末的秀才，曾在日本留学，学习法政，回国后因有肺病，便一直闲赋在家。

　　丁玲四岁时，父亲突然去世，家中失去了唯一的支撑，母亲带着丁玲搬到了常德的舅父家生活。十八岁前，丁玲都是跟着母亲在这里，接受新式的文化教育。

　　丁玲满十八岁后，外婆想让她和大表哥结婚，丁玲便将擅自给她和大表哥定下婚约的外婆和三舅父多次利用霸道的"豪绅"作风强迫她出嫁的事情写信给报社，在社会各界的压力下，三舅父不得不解除了她和大表哥的婚约。

解除婚约后的丁玲，不顾家里反对，一心只想去外面的世界。

1922年丁玲从常德到长沙，经南京，最后到北平。她与家里断了联系，靠自己给人做工挣的一些钱来养活自己。

丁玲做工时，逐渐意识到一定要继续念书，只有念书，从文化里，才能知道自己真正想要的是什么。

丁玲找了辟才胡同里的一个补习学校，与同学们一起边补读大学里的必修课，一边在一家私人学校里学习画画。对于多数人来说，大家看好的都是文学方向，但丁玲对画画更感兴趣，她最终还是报考了艺术专业。

丁玲的同室好友曹孟君在与左恭谈恋爱，左恭与胡也频住同一公寓。经常跟着曹孟君去串门的丁玲，就这样认识了胡也频，丁玲也就这样开始了一段恋情。

胡也频，原名胡崇轩，福州人，1903年出生，

铸钟胡同

位于北京西城，旧鼓楼大街西侧，南接鼓楼西大街，胡同南北向，北段有分支，一条连接西魏胡同，另一条连接小黑虎胡同。

铸钟胡同明代称铸钟厂，是铸造钟楼大钟的地方，后改称为铸钟胡同。

20世纪六七十年代，思想家、教育家梁漱溟就在这条小胡同里居住了大约七年。

1921年进入天津大沽口海军预备学校，学校停办后，他便和项拙、荆有麟一起到北京合编《京报》副刊。

1924年，丁玲和胡也频搬到北京沙滩银闸胡同的一个小公寓，住在一起。

银闸胡同，位于故宫东侧，南北走向，两端曲折，北起五四大街，南至北河沿大街，东邻沙滩南巷，西靠草垛胡同。

这是一处位于东城区西南部的简陋学生公寓。丁玲每天除了在家读书，还要去北京大学听课，两人每月只能依靠丁玲的母亲从湖南老家寄来的二十元维持生活。

两位生活窘迫的年轻人，遇到了另一位生活困难的年轻人，就是刚从湖南到北京不久，也没有收入来源的沈从文。

这年春天，胡也频带着丁玲来到沈从文的公寓，丁玲见到沈从文，两人口音相仿，一说起，竟然是湖南老乡，两人一见如故，虽然常德与凤凰县相隔近七百里，不通公路，但同属于大湘西，有沅水相连。因为这一条河流，两人倍觉相邻相亲。

"我住处就在街口向西，过那木厂点点路就看到了。"

离开的时候，丁玲盛情邀请沈从文，请他随时到家中来做客。

沈从文隔天就随胡也频去了他们街西口的家。家中有许多丁玲备考使用的颜料和习字纸，她还拿出一枚印章给沈从文看，印章底部刻着"丁玲"。

"我以后就要用这个名字，不用旧的名字了。"她说。

1925年，丁玲和胡也频在香山脚下租了一间小房子。那段日子，两人依靠胡也频微薄的稿费作为生存的费用。然而，两个年轻人依旧过着快乐、单纯的日子，享受着爱情的甜蜜。需要进城补足生活用品，就从香山绕过玉泉山围墙，沿着颐和园的围墙走半圈儿，到西直门。

进城是为了两人的伙食，但他们也会常常走着走着，就忘记了下山，一路上看到一处好风景，便停下来，看看白云，看看黄昏。

一次，他们在一大片田地里迷了路，出不来，他们也不着急，两人相拥着，看太阳落山，数天上的星星，直到有路人经过，发现了他们，才把他们带回到大路上。

有时胡也频没时间，不能进城，丁玲便一个人散步到北京城，找朋友借一些钱，自己拿到钱了，也不舍得坐车，仍然徒步回山上。

1926 年以后，胡也频每月都能收到一定的稿费，他们的小家庭总算是熬过了最艰难的时期，结束了吃了上顿没下顿的生活。

第二年的秋天，丁玲、胡也频搬到北京沙滩汉花园公寓二楼 10 号，与他们同住的还有沈从文和戴望舒。

后海北沿

位于北京西城，在银锭桥西边的什刹海后海北岸，依湖而成。

诗人田间的故居就位于中段。

后海北沿 46 号，与后海夹道相交的地方，清朝时为和珅别院。宋庆龄居住北京后，就一直工作、学习和生活在这里，直至逝世，现为宋庆龄故居。

这个院子比之前的银闸胡同公寓，条件好了很多，但他们的屋子里，除了一张床和一张书桌外，就没有更多的东西了。

在简陋的环境中，丁玲开始了她的小说创作。她的第一篇短篇小说《梦珂》，以"丁玲"为笔名，寄往上海的《小说月报》。主编叶圣陶对《梦珂》极为欣赏，小说很快就发表了。

丁玲迅速完成了第二篇短篇小说《莎菲女士的日记》。这篇作品的发表，给了五四运动后沉寂的文坛重重一击，丁玲也因此一举成名。

丁玲和胡也频觉得还是应该继续自己的学业，两人打算一起去日本读书。

有了这个计划之后，他们的首要任务便是学习日语。

他们在北大自修的日语课程中认识了冯雪峰。

丁玲第一次见到冯雪峰，并没被他吸引，反而非常失望。她本认为在北大上课的年轻人，都应该是英俊潇洒，风流倜傥。但冯雪峰的穿着打扮让人看上去就觉得他只是一个刚进城的乡下人。然而在课堂上分组谈论文学、时事，冯雪峰凭借自己的知识积累和才华，得到了丁玲的青睐。

在与胡也频相爱的同时，丁玲又喜欢上了冯雪峰，在两个人之间不断动摇。甚至在结束了日语课后，追随冯雪峰离开北平，到上海发展。

胡也频追着丁玲，也到了上海。

后来，冯雪峰在西湖边租了一套两居室的房子，冯雪峰住一间，胡也频住一间，丁玲和两个自己喜欢的男人开始了同居生活。

他们在西湖边共同相处了一些日子后，胡也频支持不住了，离开杭州，找到沈从文。当时还没有感情经历的沈从文，与胡也频说夫妻之间应该如何如何相处。

胡也频第二天就在沈从文的劝说下，又回到杭州，与丁玲和好。

最终，三人这段纠结的感情以冯雪峰独自离开杭州结束。丁玲虽然痛苦，但也无可奈何。

"虽然我深深地爱着另一个男人，但我同胡也频同居了很长一段时间，我们彼此都有很深的感情依恋，如果我离开他，他就会自杀。

我决定，我不能同我所爱的这个人生活在一起，于是对他说，虽然我们不能生活在一起，但我们的思想是分不开的。"

1930 年，丁玲和胡也频的儿子出生了。但就在第二年，29 岁的胡也频死在了上海龙华司令部，击杀胡也频的枪声震撼了全国，也击碎了丁玲最初的爱情。

丁玲一个人没有办法带着孩子生活，在沈从文的护送下，两人把孩子送回湖南由丁玲的母亲抚养。

胡也频的牺牲，使丁玲的思想发生了急剧的变化。她开始投入革命，她想用自己的文字唤醒沉睡的民族。这一时期，她发表了《韦护》《水》等代表作。

丁玲受冯雪峰的邀请，到上海与他一起担任《北斗》杂志主编。

回到冯雪峰身边，丁玲对他的感情重新燃烧起来，而冯雪峰已经结婚，他十分理智地远离了丁玲。丁玲的爱情火花，也就没有了生长的机会。

后来到了延安，有人问丁玲："你最怀念的人是谁？"

"我最纪念的是也频，而最怀念的是雪峰。"

鹆儿胡同

位于北京西城，东南起小石碑胡同，与烟袋斜街相连；西北至甘露胡同，全长 820 米，是北京城中比较长的胡同之一。胡同平行于后海北岸，中段有一分支，连接鼓楼西大街。

明朝时因胡同中有一广化寺，而得名广化寺街。清朝后改称为鹆儿胡同。

胡同 31 号是广化寺旧址，也是京师图书馆的筹办地，为国家图书馆前身。

鹆儿胡同 6 号院是萧军故居，海北楼就是他为自己书房的命名，也是他多次称的"蜗蜗居"书房。

胡也频牺牲以后，史沫特莱到中国采访丁玲，他的翻译官就是二十六岁的冯达。

后来，冯达除了工作，日常也经常去看望丁玲，跟她聊国内外的新闻，陪她看望朋友，有时候买来面包和菜，帮她做一顿饭。冯达的关怀令丁玲无法拒绝，她接受了冯达。

1931 年，两人住在一起，结婚，并一起度过了三年的平静生活。

1933 年 5 月 14 日，冯达出门时告诉丁玲，"12 点钟要是我不回来你就赶紧离开"。

12 点钟以后，冯达缓缓地回到家中，但家中的丁玲，并没有像两人约定的那样——离开。

俩人就这样，一块儿被捕入狱。

丁玲失踪了好几天后，上海的《大美晚报》登载了一则《丁玲女士失踪》的消息，一些报刊相继报道，消息传遍上海，也成为各地文化界的一个社会热点。

鲁迅发表了《悼丁君》，他一直关注着丁玲的事件。8 月 1 日，给科学新闻社的信中，他写道："至于丁玲，毫无消息，据我看来，是已经被害的了。"

丁玲的失踪引起了中国文化界的关注，中国民权保障同盟主席宋庆龄也致电汪精卫，让他一定想办法对丁玲进行援救，一些国际友人也发起了强大的抗议和声援。

上海警方对绑架丁玲的事情一概不提，上海市长吴铁城在答复胡适的电文中称："报载丁玲女士被捕，并无其事。"

但没有人相信。

被关押在浙江莫干山监狱中的丁玲，并不知道外面因为自己而引起的种种波动。她和冯达一起度过了漫长阴森的一年，监狱中，丁玲准备以死来反抗，她请求冯达帮助她自杀，冯达实在看不下去，把已经失去知觉的丁玲救了下来。

在中共地下党的营救下，丁玲终于脱离了囚禁的生涯，她义无反顾地放弃了冯达，两人再也没有见面。

1936 年，丁玲被送到延安，加入了中国共产党，受到了党内极大的欢迎，被称为"革命根据地第一个女作家"。毛泽东见过她后，还为她写下《临江仙·给丁玲同志》，盛赞她："昨天文小姐，今日武将军！"

丁玲的最后一段婚姻，对象是比她小 13 岁的陈明。

第一次见陈明，是在延安根据地话剧表演的舞台上，丁玲在台下看到了陈明的表演。

豆腐池胡同

位于北京东城，东起宝钞胡同，西至旧鼓楼大街，南与钟楼湾胡同相通，北与赵府街相通，东西走向，全长477米。

明代称豆腐陈胡同，因胡同内有一家姓陈的人家做豆腐生意，故而得名。现称豆腐池胡同。

原豆腐池胡同9号，现被改为15号是杨昌济故居。杨昌济在北京大学担任教授时就居于此，毛泽东到北平后也曾在此院中的南房居住。

后来，陈明做了丁玲的助手。丁玲很喜欢陈明，主动地追求他。陈明年纪小，胆子也小，对于丁玲的追求有些慌乱，在他看来，丁玲是文学界的领头羊，还是自己的领导，陈明自愧配不上她。

在不明白自己感情的情况下，为了躲避丁玲，他匆匆地与同在话剧团的一名年龄女演员结了婚。新婚夫妇一起拜访"领导"丁玲，妻子从陈明对丁玲的神情中发现，他真正爱的人并不是自己，这位通情达理的新婚妻子并没有拆穿，还一再帮助陈明和丁玲，在陈明看清了自己的感情后，这位演员妻子选择了主动离开。

1942年，38岁的丁玲和25岁的陈明结束了五年的相恋，正式结婚。他们没有举行婚礼，也没有请客吃饭。他们的婚姻没人看好，但两人自信满满，牵着手在延安的街头快乐地散步，心中洋溢着无限的幸福。

1949年，丁玲到北京参加第一次全国文代会。解放后定居在北京，暂时住进了东总布胡同22号中国作家协会的房子里。

东总布胡同22号是胡同最靠北的一栋小楼，住着三户人家，丁玲一家住在西南面的一套房子里。

1951年，丁玲从东总布胡同22号搬到多福巷16号。

这是丁玲与陈明生活中最安宁的一段时期。两个人都有工作，业余时间到颐和园散步，《太阳照在桑干河上》就是她那时在多福巷完成的。

然而这一切停止在1955年。丁玲被错误地打成右派，到农村接受改造。丁玲担心多福巷家里的东西被抄，从作家马峰手上买下了后海大翔凤胡同3号的一栋独门小院。

这所房子，北房六间，东房两间。丁玲在东北劳动改造前，把多福巷家中剩余的物品全部转移过来，并请堂侄照看。

丁玲被流放，陈明主动请求跟随丁玲，两人一起在北大荒接受劳动改造。他们一同挨打、挨斗，两人成为彼此支撑的希望。

从丁玲1955年开始落难，前后长达二十年的时间，陈明一直陪伴着她，并且还一直给党中央写申诉材料送到北京。直到1979年，丁玲被平反。

在收到丁玲要被平反的消息时，陈明以回北京治病为由，第一时间带着丁玲，坐着凌晨两点的火车，回到北京。

丁玲终于再一次站在了北京这片土地上，但她已经七十多岁了。好在两人身体仍然健壮，陈明提着两个皮箱，健步如飞。他们住进和平里文化招待所二楼的一个小房间。

春节后，上班第一天，时任作协党委副书记的李季替丁玲联系好了医院。

丁玲住进了友谊医院的单人病房，进行全面全身检查，除了原本就知道的尿糖偏高、冠心病外，还发现了右乳房有一颗黄豆大小的肿瘤，医生建议进行手术，丁玲想药物治疗，不希望当时就进行手术。

"自从住进医院后，没有一天午间能休息的。晚上也睡不好，12点之前能入睡，就算好的了。"

3月3日，丁玲在日记中这样记录自己病中的情况。

她对陈明说，她沉默了22年，好不容易有了写作的条件。陈明和一众好友都知道，丁玲是担心手术中出现意外，不能亲眼见证自己得到平反的结论，不甘心。

丁玲出院，陈明替她申请了安静的住处，他们住进了友谊宾馆东北区二单元72门17号。友谊宾馆环境很好，院子里树木花草都很多，他们很满意这里的条件，两人在公寓里休养、写作。

这年，《杜晚香》在《人民文学》杂志刊登，成为她复出的第一个作品。

在此之前，《杜晚香》最早给的是《人民日报》，编辑觉得文章太长，需要压缩，丁玲不愿改，就拿了回来。

《十月》杂志编辑看到稿子后，说："我们的文学画廊中，也实在需要增添杜晚香这样的形象！"

"如果货走三家卖不出去，那就肯定是不行的了。"当时，丁玲抱着会失败的心情让《十月》拿走了《杜晚香》。

"丁玲的复出，受到的不仅是国内读者的关注，还受到了国际上的广泛关注。丁玲复出首发作品，必须由《人民文学》实行，这是中央的指示。"中国作协立即找到《十月》杂志的编辑，撤下了要发的《杜晚香》，将它刊登上了《人民文学》，并为丁玲安排了复出之后的事宜。

从1958年开始，丁玲经历了十二年北大荒的风雪，五年囚禁，四年的农村生活，让她成为这期间受迫害时间最长，创伤最深的女作家。1980年平反，丁玲恢复了"自由之身"。

1986年，八十二岁的丁玲，在北京多福巷家中逝世。多福巷成为她在北京住过的最后一个地方。弥留之际的丁玲，紧紧拉住陈明的手，用微弱的声音说："你再亲亲我。我是爱你的，我只担心你，你这辈子太辛苦了，我最不放心的就是你！"

"成你的"

我，我

待时见我

尘将微笑。

03

"人生得一知己足矣，斯世当以同怀视之。"

新街口南大街北侧，前公用胡同里藏着另一条诞生了无数文学作品的胡同——八道湾。八道湾的分岔其实远不止八个，人们只是用"八"来表达它不规则的形状。

八道湾 11 号是鲁迅为了让一家人可以生活在一起，而买下的一处三进的四合院。在这儿的书房里，诞生了《阿Q正传》《风波》《故乡》等著作。

我来到八道湾胡同，一片一片的施工现场让我没办法想象这是一条胡同，问了住在附近的一位大姐才知道，我所在的位置是后来向后迁移了的八道湾，原本的老八道湾胡同拆掉了，胡同不在了。

当我问到鲁迅居住的 11 号四合院时，大姐好像突然想起什么似的对我说："他们的书房还在，要从胡同那边出去，绕一圈。现在是学校了，其他的都拆了，书房被这个学校围起来了。进不进得去，我就不知道了。"

我沿着前公用胡同一直往西，绕到赵登禹路，看到右侧是现在的北京市第三十五中学，这所学校融合了后搬来的李大钊建立的志成中学，复原了鲁迅、周作人、周建人的旧居，作为八道湾鲁迅纪念馆——周氏兄弟旧居。

因为疫情期，我没办法进入到学校内部，没能亲眼看到"阿 Q 诞生的地方"。

从学校的官网上可以看到，八道湾鲁迅纪念馆大致分为"《阿 Q 正传》创作室""呐喊：鲁迅在新文化运动中""说不尽的阿 Q""八道湾与志成"等展厅，以及"鲁迅书房"和"鲁迅的艺术世界"等主题教室。

鲁迅的另一个纪念地，位于阜成门内宫门口二条，是北京鲁迅博物馆。

宫门口二条西至阜成门北顺城街，全长 266 米，位于地铁 2 号线阜成门附近。博物馆包括鲁迅故居以及鲁迅生平陈列馆。

鲁迅故居面积约400平方米，有北房三间，南房三间，东西厢房各两间，其中书房里还保留着他著名的"老虎尾巴"。院中保存着鲁迅当年亲手种下的两棵丁香花。

我走进旁边的鲁迅书店转了转，点上一杯咖啡，隔着玻璃看着鲁迅博物馆的院子。书店用鲁迅先生的头像剪影作为logo，书店门口用鲁迅先生的作品串成一副对联，上联是"莽原野草热风奔流一人知己"，下联是"呐喊彷徨三闲二心斯世同怀"，横批："故事新编"。

书店里有许多关于鲁迅的书籍，和用他的作品和画像做出的一些有意思的文创周边产品，从书店的橱窗，可以清晰地看到鲁迅的雕像立在院子中央，看着远方。

**"即使艰难，也还要做；
愈艰难，就愈要做。"**

1881 年 9 月 25 日，鲁迅出生于浙江绍兴。

绍兴人崇拜树神，向往樟树的长寿，便给他取名为樟寿。因为是家中的长子，父母担心他不能平安长大，一出生便把他送到长庆寺，按当地习俗，只要把家里不好养活的孩子送到寺院，拜寺中住持为师，赐他一个法号，就算是把他送给了寺庙，便可以消除不好的一切。

鲁迅的童年就是带着弟弟们在院子里各处玩耍，在镇上跑来跑去。到了夏天，他们就坐在院子的大树下乘凉，祖母摇着芭蕉扇给他们讲《猫是老虎的师父》《白娘子》等故事。

对他来说，不开心的记忆就是父亲的严厉。

在《五猖会》一文中，鲁迅提到为了去最有名的五猖会现场，跟着大家一起早起，一切准备都做好了，突然出现的父亲，让他去把书拿过去给他检查。突如其来的背书，让鲁迅的好心情瞬间消失，只剩下失望和郁闷，以至于对向往的五猖会都没有了兴趣。事后，鲁迅回忆，他对当年五猖会现场的记忆完全消失，只记得他当时忐忑地拿着《鉴略》，在父亲的书桌前一句一句地读熟，再一口气背出来。

1892年，十二岁的鲁迅被送往三味书屋。

三味书屋的先生是寿镜吾。老先生讲课非常认真，上课入神便会只顾自己，不管下面的学生们。鲁迅就拿出《西游记》放在书桌下偷偷地看。他还在桌上写下"君子自重"四个字，婉拒其他孩子想找他一起玩的想法。

除了课上偷偷看小说外，鲁迅还喜欢描画。他用薄一点的纸，蒙在绣像上，用笔蘸着墨汁，像习字描红一样。每读一本带图画的书，他就会把书上的画像描上好几遍。后来书越读越多，画也描得越来越多。鲁迅为了让散落的画稿保存得久一些，就用绢线把它们装订起来，再用硬一点的纸做成封面，保存在更大的画谱中。

鲁迅十三岁，朝廷动乱，祖父周福清被抓走，他和弟弟分别被送往大舅和二舅家寄养，父亲和母亲不能定居，隐居在绍兴附近的一个小村庄里。之后父亲病重，鲁迅和弟弟不得不放弃学业，每天奔波于药店、小村庄和大舅二舅家。父亲的病，让本就没有经济来源的家庭更加困难，亲朋好友们没人愿意帮助他们，虽然极力地请人医治父亲，但父亲还是离开了他们。

母亲在外也只能替人洗衣服、做针线，做些简单的小工。作为周家的长子，还没有中学毕业的鲁迅，就意识到家里是不再能承受他高昂的学费了，如果想继续读书，就必须找一个收费很低，甚至是免费的学校。

1898 年，鲁迅到清政府开办的军事学校南京江南水师学堂学习，学校不仅给学生们提供宿舍和衣服等生活用品，每个月还会发放一些津贴。于是，鲁迅带着母亲四处拼凑的仅有的八元钱，告别故乡，踏上了求学路。

到南京，鲁迅第一件事便是改名字。他把名字改为周树人，以全新的名字在江南水师学堂刻苦学习。虽然吃住和学习都不要花钱，但鲁迅的生活过得并不十分容易，他将学校发的津贴全部寄回绍兴家中，想稍微缓解一些母亲的压力，自己一点也没有留下。

而在学校，更让鲁迅觉得不值得继续学习下去的是水师学堂的风气，完全是一派衙门做派，一旦有人犯错就会把他当成"罪犯"一样审问惩罚，完全没有学习的氛围。最终，他失望地从学堂离开，转入江南陆师学堂设立的矿务铁路学堂。

1902 年，鲁迅在矿路学堂顺利毕业，并为自己争取到了官费去日本留学的名额。

一行人在学校的安排下，坐上去往日本的轮船大贞号，奔赴东京，进入学堂安排的学校。

在学校马上要顺利地毕业了，鲁迅却突然转入了医科，开始学医。

"我的梦很美满，预备卒业回来，救治像我父亲似的被误的病人的疾苦，战争时候便去当军医，一面又促进了国人对于维新的信仰。"

他想着父亲的病逝，家人的无奈和现在日本新医学的发展，他认为对中国来说，只有新医学可以将人一一救回，新的社会也一定是需要建立在这一项之上的。

南半截胡同

位于北京西城，北口在莲花胡同，南至南横西街。

由于胡同的长度为南横西街和广安门内大街之间南北纵向街道的一半而得名。

南半截胡同7号是著名的绍兴会馆，鲁迅初来北京的时候就住在这里，一住就是七年。在这里，他写下了传世名篇《狂人日记》。

他离开东京，到仙台医学专门学校开始为期两年的医科学习。他想学习到更多更新的技术，将它们带回国内，他克服了同学们的讽刺。但当他在一个影碟上看到一个中国人被日军捕获枪毙时，四周观看的几乎全是中国人。枪毙后，影片中的他们跟着日本军方一起呐喊。而在现实中，在外国学生中的鲁迅，也被叫声和鼓掌声包围着，他在欢呼声中不能平静。

这让鲁迅意识到，中国人需要的是改变思想，再高明的医术，医治的只是肉体，不能起到广泛的宣传作用。他再次放弃学业，和几个朋友一起回到中国。

"从那一回以后，我便觉得医学并非一件紧要事，凡是愚弱的国民，即使体格如何健全，如何茁壮，也只能做毫无意义的示众的材料和看客。"

"我们的第一要著，是在改变他们的精神，而善于改变精神的是，我那时以为当然要推文艺，于是想提倡文艺运动了。"

鲁迅回国后，担任了南京、绍兴等多所学堂的教授。

南京国民政府成立，他辗转到北平，在北京大学、北京师范大学和女子师范大学担任国文系讲师，开始了他在北平14年的生活。

1912年，鲁迅在教育部任职时没有分配到宿舍，他一个人住在菜市口附近南半截胡同的绍兴会馆里。

南半截胡同位于菜市口的南边，由于胡同的长度为南北纵向的街道的一半而得名。北与北半截胡同相连，南至南横西街，东西分别与菜市口胡同和烂缦胡同相邻。

在南半截4号，靠近胡同北口的地方，现在为7号的院子就是著名的绍兴会馆。这里之前是为进京参加科举考试的绍兴学子们提供的一个落脚的地方，环境并不好，但距离鲁迅上班的教育部只有三里地。

作为绍兴人，鲁迅住在这里也不用交固定的租金，只要过年过节给房主一点小心意就可以。

绍兴会馆面积很大，起初，鲁迅住在别院的藤花馆里，院内的那根古藤也曾被他多次写进小说。但藤花馆临街，来往的人和车一直到深夜，严重影响了鲁迅的写作。他便搬到内院的补树书屋，补树书屋的院子里原本有一棵开着淡紫色花的楝树，在楝树不幸折断后就在院中补种了一棵槐树，深夜被叫为补树书屋。现在的补树书屋也已经被拆除，只剩下院子里的一棵槐树。

书屋内没有窗户，白天也没有阳光照进来，到了晚上，就要早早地点上煤油灯。鲁迅从杂志社的普通职员一路升职到杂志主编，他引导着一大批青年人走上文学的道路。

在绍兴会馆，鲁迅一住就是七年，是他在北平居住时间最长的地方。在这里，他写下了中国第一部现代白话文小说《狂人日记》。

1918 年，鲁迅在太原的表弟敲响了补树书屋的门。他见到鲁迅后一直和他重复着一句话："有同事要谋害我！"

学过医的鲁迅，看着言语不清的表弟，立刻反应过来，他这是"迫害狂"的症状，表弟变成了"狂人"。

在医院经过一个多星期的治疗，表弟的病情没有得到好转，他的精神越来越差，鲁迅只得雇用了一个可靠的人，将他送回绍兴老家。表弟走后，鲁迅想着表弟口中的狂语。

"封建礼教吃人，封建文化吃人，封建社会吃人啊！"

鲁迅感慨这个社会上究竟还有多少人在他看不到的地方，也在一直喊着"救救孩子啊！"。

他坐到书桌前，在纸上提笔写下：

"狂人日记　鲁迅"

"我翻开历史一查，这历史没有年代，歪歪斜斜的每页上都写着'仁义道德'几个字。我横竖睡不着，仔细看了半夜，才从字缝里看出字来，满本都写着两个字——'吃人！'"

小说《狂人日记》以鲁迅为笔名在《新青年》上发表，这是他第一次用鲁迅作为笔名。"鲁"是借用的母亲的姓氏，名字蕴含着"愚鲁之人应当赶快做"的自勉之意。之后的小说《孔乙己》《药》《一件小事》等也陆续发出来，鲁迅这个名字渐渐走入大家的视线。他从一个默默工作的小编辑成为影响一众青年的作家，也迅速在文学界有了一席之地。

八道湾

位于北京西城，西止于赵登禹路，东接后公用胡同，南临前公用胡同，是一条不规则胡同。现在的八道湾胡同在修建北京市第三十五中时被后迁，胡同现在平行于赵登禹路，南接前公用胡同。

八道湾最著名的就是鲁迅两兄弟。

鲁迅在八道湾十一号只生活了三年多，但在这里写下了《阿Q正传》《风波》《故乡》等著作和译著。

周作人在这里住了50年之久，直到从南京老虎桥监狱出来后死于此。

西城图书馆，就在与八道湾胡同相通的前公用胡同东口附近。

在得了好几笔稿费后，他卖掉了绍兴的老宅，买下了位于西直门八道湾11号的大宅院。

八道湾胡同位于西直门内，西起赵登禹路，东接后公用胡同。全长不到两百米，这条短短的巷子里，胡同弯弯绕绕，一个接一个的弯，最窄的地方连自行车都要小心行驶。

八道湾11号院一面墙临街，院门开在胡同里，院门前有一块因为胡同弯曲而形成的空地，鲁迅很喜欢这里。

把一家人都接到北平后，母亲和他的发妻朱安住正房的东西两侧，自己住中院。后院则给弟弟周作人与周建人。全家大小十几口人住在了一起。

鲁迅在南京学堂读书时，母亲就定下比他大三岁的朱家女。周朱两家在绍兴也算是门当户对。鲁迅一心只在读书上，婚事一拖再拖。他在日本读书时，母亲让人带信说自己生病，让他马上回去。

鲁迅回到绍兴，等待他的是一场已经策划好的婚宴。鲁迅终究还是娶了朱安，婚后没几天，便返回了日本，直至他从学校毕业。

朱安嫁入周家，一直照顾着鲁迅的母亲。在北平朱安也一直在鲁迅母亲的身边生活，照顾着老人。直到鲁迅病逝，朱安作为鲁迅的遗属，才与鲁迅的朋友们有了些联系。这门婚事并不是鲁迅自己的意愿，但直到他病逝，也没有解除这段婚姻关系。

周家在八道湾定居后，鲁迅和周作人兄弟俩，在自己擅长的领域各自发展，成为五四新文化运动的领军人物，在文化界和教育界的名声逐渐响亮。八道湾11号也成为京城文化人聚会交流的场所。

可惜，美好时光总是短暂的。一家人在一起生活了不到四年，鲁迅就带着母亲和朱安搬出了八道湾，一家人再次分开。分居的原因一直没人知道，兄弟两人也都不向外透露，直到现在，也没有人知道这件事情的真正原因。

留在八道湾胡同的只有鲁迅的《故乡》《阿Q正传》和《呐喊》，那一本本推动着新文化运动的作品。八道湾11号也被称为"阿Q诞生的地方"。

搬出八道湾胡同后，鲁迅临时住在砖塔胡同61号。

砖塔胡同位于西城区西四南大街，因胡同东口的"万松老人塔"而得名。这条胡同，算是北京城里保存得比较完整的最古老的胡同之一了。

鲁迅租住的虽然有三个房间，但总面积还不到二十平米。白天，堂屋是会客吃饭的地方，晚上，鲁迅便在这里写作和睡觉。房间实在太小，鲁迅没有自己的书房，三间房子里经常堆满了他的书稿。

与八道湾三进的大宅院相比，鲁迅的生活与刚到南京省吃俭用的日子相差不了多少。鲁迅虽然每个月固定有300元月薪，还有些稿费。但稿费常常都得往后拖一个月甚至一年。鲁迅交完砖塔胡同的房租，全家人完全没有了一点多余的钱。

在砖塔胡同的短短几个月里，鲁迅在精神的抑郁和经济的困顿下，肺病复发，三人的家庭生活更加困难。鲁迅休养了整整一个月，每天只能躺在床上吃些稀饭。病情稍有好转，他就拖着病弱的身体四处看房，最后，还是向朋友们借了近千元，才买下阜成门内西三条21号，一个小四合院。

阜成门内西三条现改名为北京西城宫门口二条，胡同东西走向。清朝时，胡同的西段称为二条胡同，这里便得名为西三条胡同。

新买的院子面积不大，远离主干道，是一片清静的地方。21号院子的设计图是鲁迅按照自己的生活习惯来绘制的。南面三间是会客室，放些鲁迅收藏的书。西面一间是鲁迅母亲的卧室，朱安住正对东面的房间，中间的堂屋用来吃饭和招待客人。

鲁迅的书房和卧室在中堂旁边接出去的一间平顶屋子里，从外面看就像是 21 号四合院后面长出来的一条小尾巴，这里被大家亲切地称为"老虎尾巴"。虽然书房不到十平米，但阳光每天都照到最里面，书房的门正对院子里的两棵枣树。

"在我的后园，可以看见墙外有两株树。一株是枣树，还有一株也是枣树。"

鲁迅一边利用业余时间写作，一边受聘于北京的八所学校担任老师，主要上一些关于中国小说史和文

砖塔胡同

位于北京西城，东起西四南大街，西至太平桥大街，东西走向。全长805米。

砖塔胡同形成于元代，是北京最古老的胡同之一，因胡同东口有万松老人塔而得名，是元朝万松老人圆寂的地方。

砖塔胡同61号，现政为84号，鲁迅故居。鲁迅由八道湾搬出来后，在这里只住了9个月，就搬走了。

胡同西口外95号院是鸳鸯蝴蝶派作家张恨水故居。

刘少奇1927年由天津迁居北平，暂住砖塔胡同四眼井10号的同事家里。

艺理论的专业课。

鲁迅受蔡元培的邀请，到北京大学做兼职教授，第一节课他穿一件打满补丁的蓝色布衫，拿着一个小布包和几张薄薄的讲义，一支铅笔别在耳朵上，走进了教室，引起学生们的哄笑。见惯了平日里穿着西装的教授们，学生对这个老师感到十分好奇。

鲁迅走上讲台，开始讲课，带有浓厚绍兴口音的普通话，再次让台下的学生们笑了起来。鲁迅并不生气，做了简单的自我介绍之后，便正式上课。他的想法和观点十分独特，没几分钟，台下的学生们都被鲁迅讲的内容所吸引，教室里只剩下写字和翻书的声音。

鲁迅的课受到学生们的喜欢。每次，只要是他的课，教室里都坐得满满的，本来两个人的座位，现在是三四个同学挤在一起坐着，还有许多人直接站在门边，或者靠在走道的窗台边，眼睛看着黑板，一直在本子上记着鲁迅说的话。

鲁迅支持学生们革命、创新。

1926 年，日本军舰驶入中国大沽口，北京各大学的学生们在长安街上游行。刘和珍举着标语和小旗，走在两千多人的队伍最前面。游行队伍来到段祺瑞政府门前，卫队举枪，阻止学生们前进。刘和珍正在维持秩序，一声枪响，尖叫声，抗议声，人群四处散开，更多的枪声响起来。子弹射穿了刘和珍的右肋，斜穿心肺，人向后倒去，前排的杨德群也被打中，子弹从左肩进胸口出。刘和珍挣扎着坐起来，一名卫队士兵带着一队人拿着棍子在她的头部猛打了几下，枪伤和棍击使得刘和珍再次倒下，送往医院不到半个小时就没有了呼吸。杨德群当场死亡。

鲁迅听学生们说政府开枪打死了学生，又说死者中有一个叫刘和珍的学生。他记忆中的刘和珍，永远微笑的样子在他的脑海出现。

鲁迅把这个日子称作"民国以来最黑暗的一天"。

鲁迅的病情严重起来，一连几天都没有吃饭，也不怎么说话，不睡觉。只是一个人坐在书桌前抽烟，鲁迅最终没有了力气，躺倒在床上，嘴里还含糊地说着："刘和珍是我的学生啊！"

"我向来是不惮以最坏的恶意，来推测中国人的，然而我还不料，也不信竟会下劣凶残到这地步。况且始终微笑着的和蔼的刘和珍君，更何至于无端在府门前喋血呢？"

从"三一八死难烈士追悼大会"回家后，想到被政府宣判为"暴徒"的两位年轻人，就永远地躺在了那里，除了枪伤，身体上还有棍棒的伤痕。鲁迅心中早就觉得有写篇作品的必要了。

4月1日，《纪念刘和珍君》发表，与之后发表的《死地》一样，鲁迅在这一时期，都是在不断地抨击段祺瑞政府对学生们所犯下的罪行。即使被政府一再下令追捕，避难期间，鲁迅也不曾放下手中的笔。

"惨象，已使我目不忍视了；流言，尤使我耳不忍闻。我还有什么话可说呢？我懂得衰亡民族之所以默无声息的缘由了。沉默呵，沉默呵！不在沉默中爆发，就在沉默中灭亡。"

"三一八"事件后，鲁迅南下，离开了北平。在这里的14年，是他一生的四分之一，也是除了绍兴之外，鲁迅生活得最久的城市。

现在的阜成门内西三条21号，是鲁迅博物馆和鲁迅北京故居。这是鲁迅在北京最后居住的地方。被人熟知的"两棵枣树"和"老虎尾巴"的典故都是来自这个小院。在这里，他写完了他的诗集《野草》，还有《华盖集》《彷徨》《朝花夕拾》《坟》等作品。

1927年一路向南躲避追捕的鲁迅，定居在上海。

1936年，鲁迅的肩胛开始剧痛，朋友们让他先少写一些文章，养身子为主。他知道笔一旦放下，再拿起来就困难了。

不久，鲁迅的身体越来越不好，打针吃药都不能止住气喘，上海滩最权威的美国肺病专家邓医生为他检查后，X光片结果显示，他的双肺已经烂掉了百分之八十。

鲁迅说："我想，医生是不可能给一个已经死去五年的人开药方的。"

没有药物支撑，鲁迅开始咳血，身体极度虚弱，有时连拿一张报纸的力气都没有。

入夏后，他的身体有所好转，偶尔能坐起来看会儿书，也能稍微下地走动。身边的人都以为他的病正在好转，只有他自己最清楚，这不过是一种表象，他的日子不多了。

夏天过去，秋风一吹，他再次气喘不止，10月19日上午，在没有任何征兆的情况下，鲁迅在上海的家中离开了人世。

很多群众自发加入鲁迅的送葬队伍，他们打着"鲁迅先生丧仪"的横额，举着巨幅遗像，足足排了几公里长。

鲁迅的灵柩上盖着一面长两米、宽一米，绣有"民族魂"的白缎锦旗。

宫门口二条

位于北京西城，东有两条分岔口均接到宫门口横胡同，西至阜成门北顺城街，东西走向，全长266米。

清代西段称二条胡同，后更名为宫门口二条，与宫门口头条平行。

与阜成门内北街相交的十字路口的19号院为鲁迅博物馆。鲁迅1924年至1926年所住的地方，博物馆院内，保留了鲁迅居住过的旧宅和他著名的"老虎尾巴"。

"天亮之前有一个时间是非常暗的，星也没有，月亮也没有。"

04

"人们的前途只能靠自己的意志、自己的努力来决定。"

从张自忠路拐上交道口南大街，过府学胡同、大兴胡同等，路西就会经过后圆恩寺胡同。我走得有些累了。

后圆恩寺是一条东西连接交道口南大街和南锣鼓巷的胡同，又名交道口南三条。后圆恩寺胡同因为背靠圆恩寺而得名。

从胡同东口进，没走多远就可以看到路北基本全部被灰色的围墙围了起来，院子里的屋子，只能看见屋顶，与围墙一般高的平房，露出一个三角顶的小亭，还有好几层高的小楼房，建筑风格都是灰瓦红顶，水墨山水画作为屋檐。这个院子就是位于后圆恩寺胡同

7 号的蒋介石行辕。

终于沿着围墙走到了正门，大铁门紧闭，将一众人关在外面。

"蒋介石行辕。来拍个照。耗资数亿的白楼。"

许多游客都是从南锣鼓巷走过来的，看完茅盾故居再来拜访蒋介石行辕。从大铁门的缝隙中，依稀可以看到里面绿树环绕着的一个两层建筑，西式风格，白墙在树叶中透出，还有一些水光的反射。虽然只能看到局部，但也可以看出这个建筑的雄伟。

再往西走，靠近南锣鼓巷口，后圆恩寺胡同 13 号，一间二进的四合院，茅盾在这里度过了人生中最后的六年。实在不巧，我去的时候正好赶上周一闭馆。只

直到 1981 年病逝，在这个小院，度过了他最后六年的岁月。

13 号为文学家茅盾故居。茅盾自 1974 年 12 月后在此居住，

是蒋介石的行辕。

7 号原为"恩园"，是清代庆亲王次子载尃的府邸，也曾

清代称后圆恩寺胡同，因胡同在圆恩寺背后而得名。

口南大街，西至南锣鼓巷，全长 441 米。

位于北京东城，鼓楼东大街南侧，东西走向，东起交道

后圆恩寺胡同

能靠故居门口的简介了解一些关于院子里的消息。

"故居前院西厢房原为茅盾的会客室和藏书室，东厢房为饭厅，现在被辟为陈列室，用以展示茅盾生前的实物和图片，后院北房原是茅盾的工作室兼卧室，现保持其旧时的原状，唯西首间辟为茅盾文库，藏有茅盾著作及其藏书。"

茅盾故居是典型的北京四合院，一面四四方方的墙上一扇红色的双开小门，门边还有两个小石墩。

透过门缝，可以看到影壁上邓颖超题字的"茅盾故居"金字黑色横匾。茅盾就是在这里完成了他最后的作品《我走过的道路》。

"人生的路上，有洁白芬芳的花，也有尖利的刺，但是自爱爱人的人儿会忘记了有刺只想着有花。"

1896年7月4日，茅盾出生在浙江乌镇沈家祖宅。

沈家，坐落在白墙灰瓦的水乡乌镇观前街17号，沈宅是茅盾的曾祖父沈焕购置，一家四代人居住在这里。

祖父沈恩培是当地的秀才，外祖父陈我如是位名医，父亲在外祖父门下学习中医，娶了他的女儿陈爱珠。茅盾作为沈家的长孙，受祖父文化熏陶。母亲在茅盾五岁时，就教他识字读书，母亲把不容易理解的古文《史鉴节要》编成一段一段歌谣，教授给他。

茅盾八岁进入乌镇立志小学读书，小学大门上刻着"立志"二字。他的课业成绩都很好，尤为突出的是国文课。

茅盾对国文课有着极大的兴趣，国文老师沈鸣谦也是带他走向写作道路的第一个人。沈鸣谦要求学生们每周交一篇作文，他很注重动手写文章的训练。

在家庭环境的影响下，加上沈老师的指导，茅盾的作文在学校就出了名，经常在学校张贴出来。

小学二年级，父亲突然去世，母亲一人担起了全家的重担。母亲对茅盾更加严厉，她每天外出挣钱，回家监督茅盾的学业。为了方便生活，他们搬家到学堂附近，下课铃响后，如果茅盾没及时回家，母亲便会盘问他。

即使是一个人承担着茅盾的学费，母亲也要让他能够接受更好的教育。母亲帮茅盾选择了去湖州读中学。父亲沈永锡生前希望茅盾能好好读书，最终成就一番事业。

十三岁的茅盾，简单地收拾了一些行李，离开乌镇，开始了他一个人在湖州的读书生活。除了学堂安排的课程，课余时间，茅盾整天泡在各种书籍里，从历史、传记，到小说、哲学，他尤其喜欢小说，他的作文慢慢地成为一篇篇的短小说。

中学毕业，刚回到乌镇，母亲希望茅盾去参加北京大学在上海的预科生考试，虽然没做充分准备，但听说一类考生将来进入本科读的是文、法、商三科，茅盾很高兴地去参加了考试。

考完后，茅盾还和母亲说自己考得很不错，要她在家安心等消息就是。

发榜日，茅盾没有在榜单上找到自己的名字，他非常失望，回到家中开始计划接下来的生活。没过几日，意外地收到了来自北京大学的入学通知。通知书上名字一栏写的是"沈德鸣"三个字。茅盾查看信息后确定没错，才发现是自己在报名单上名字写得比较潦草，把"鸿"字写得像个"鸣"字。

这件事之后，茅盾写字都会尤为注意，一笔一画不再潦草，直至他80多岁高龄，用毛笔写回忆录，也是用正楷书写。

8月中旬，茅盾拿着北京大学的入学通知书，告别了江南水乡的风景，一路乘船北上，开始了他在北京大学预科班的三年学习。

北大预科班的课程从地理、世界史，到中外文学、国文和外语等，有很多科目。三年里，茅盾没有回家，他把所有的时间都用来读书，除了在教室，就是在宿舍。茅盾的宿舍是学校分配的译学馆，是京师同文馆并入京师大学堂后留下的。

很多人都认为茅盾会以优异的成绩读完预科班后，直接升入本科再读几年，获得北大本科文凭。但茅盾放弃了，他知道家中的母亲一个人支撑他读完三年预科已经很不容易了，他不再奢望能继续读本科。

茅盾的学历一栏中，填着"北京大学预科"。

1916年，茅盾北大预科班毕业，在卢表叔的帮助下，认识了商务印书馆的经理孙伯恒。见面后，孙伯恒便让茅盾直接到上海商务印书馆编译所工作。

同年，茅盾回乌镇过春节，母亲提起来茅盾的婚事。

"从前我料想你出了学校后，不过当个小学教员，至多中学教员，一个不识字的老婆也还相配；现在你进商务印书馆编译所不过半年，就受重视，今后大概一帆风顺，还要做许多事，这样，一个不识字的老婆

东四头条

位于北京东城，东起朝阳门北小街，西至东四北大街，胡同原东段在延福宫后，现只保留西段一部分。地铁五号线东四口口就在这条胡同附近。

东四头条一号院原为社科院的宿舍，钱钟书、杨绛、卞之琳、余冠英、罗念生等人都曾在这里居住。

茅盾也曾居住在东四头条203号文化部宿舍。

就不相称了。所以要问你，你如果一定不要，我只好托媒人去退亲，不过对方未必允许，说不定要打官司，那我就为难了。"

茅盾的婚约是他祖父定的，对方是乌镇开蜡烛坊和纸马店的孔繁林之女，茅盾的祖父经常到孔家买东西，两人兴趣相投，结为知己。一次外出游玩，沈恩培带着五岁的茅盾，孔繁林带着四岁的孔德沚。见茅盾和孔德沚在一起玩得非常开心，就有人半开玩笑地对他们说："你们两位如此相好，小孩子们也这样情投意合，何不结为亲家？"

沈恩培请来八字先生，茅盾和孔德沚的生辰八字，大吉。沈恩培当即请了媒婆，按习俗给茅盾和孔德沚定下了娃娃亲。孔家接过沈家的聘礼，送去了孔德沚的庚帖。

对于沈孔两家婚事，只有茅盾母亲一个人是不同意的。陈爱珠觉得两个孩子年龄都还小，长大后互相是什么状况还不知道，不应该就这样把他们的终身大事做了决定。却因沈恩培的坚持，这门亲事还是没有取消。

茅盾的父亲心想，自己的孩子以后肯定是要读书的，读书人就不能守着一些旧规矩，定亲后，沈家写了书信请媒人送到孔家。信中要求孔家废弃孔德沚的缠足，让她自由地行走，还要教她识字，让她到了一定的年纪后，进学堂学习。孔家是做生意的，认为"女子无才便是德"，没理会沈家的意见，继续给她缠足，也没送她去上学。缠足半年后的孔德沚，被大姨看见，坚持按沈家的要求解掉了布条。

对于这婚约，茅盾认为不识字，不是大事，在嫁过来之后，可以跟着母亲认真学习，或者进学校学习也是可以的。在茅盾看来，最大的问题是自己一直都只注重事业，婚姻问题还没来得及考虑。他觉得母亲一个人在家，需要一个人陪伴，等他工作稳定了，再考虑其他的。

茅盾把想法与陈爱珠说过，陈爱珠决定第二年的春节为他们正式办喜事，并且对茅盾说，孔德沚嫁过来后，会教她识字，然后送她去学堂。让茅盾只管在外面工作，不用担心她们。

1918年春节，茅盾的婚事按计划进行。婚礼上，母亲见孔德沚性格开朗，与女客们说说笑笑并不拘束，与孔家上一辈的性格完全不同，便找到茅盾说："孔家长辈守旧，这个新娘子人倒灵活，教她识字读书，大概她会高兴受教的。"

母亲在教孔德沚识字时发现，刚嫁过来的这个女孩只认得"孔"字和一到十的数字，最让她惊讶的是，新娘子在家里竟然连大名都没有，一直都以家中排名来称呼。于是，便让茅盾按沈家的辈分给她取了名字。

"按沈家，我这一辈，都是德字，下边一字定要水旁，那就取名为德沚罢。"

孔德沚嫁进沈家，除了自己其他都是读书人，她意识到自己必须学习识字和读书，努力跟上他们。在陈爱珠的辅导下，孔德沚很快掌握了日常看书看报的词汇，后来，孔德沚又到振华女校、湖郡女塾读书，进步也很快。

1921年春，茅盾进入《小说月报》工作，忙碌于杂志的改革。他收到母亲让他赶紧在上海找房子的家信。孔德沚怀孕了，母亲执意要茅盾把她接到上海照顾。茅盾便租下鸿兴坊过街楼的房子，添置了点基础的家具，把母亲和孔德沚都接到了上海。

女儿沈霞出生后，陈爱珠的生活也多了一件事情，就是照看孙女，她终于安心地过上了幸福的生活。而孔德沚到了上海也没放下她的学业，她进女校学习文科，每天早出晚归，最终，她也达到了初中文化的程度。

1927 年，大革命失败，茅盾被迫只能在上海过躲藏的日子，他整日在房间里，用手中的笔表达出心中的不满，创作出小说《幻灭》。由于他身份特殊，报社、杂志社都不敢直接用他的原名和其他他使用过的笔名来刊登文章。

他把内心的所有活动总结为"矛盾"，并用为自己的笔名。

《幻灭》的稿子，最后到了《小说月报》编辑叶圣陶的手中，叶圣陶很看好，但他却觉得这笔名不太好，认为"矛盾"是个哲学名词，不像一个人的名字，且"矛"不像是姓氏，并且在当时那样的环境下使用如此尖锐的笔名不太好。他就自作主张地在"矛"字上加了一个草字头，改作"茅盾"。

这一改动不仅让《幻灭》发表出来受到欢迎，茅盾也很满意，从此，他就一直用这个笔名发表文章。

1948 年 9 月，三大战役取得了决定性的胜利。

茅盾夫妇和一大批文化人在地下党的安排下，向北转移，途经大连，到沈阳。1949 年 1 月 31 日，北京和平解放，茅盾夫妇没有犹豫，果断南下，踏入这个刚获得解放，获得新生的北京。

中华人民共和国成立后，茅盾被任命为文化部部长兼作协主席，为了方便参加各种会议，他们一家人住在文化部分配的东四头条宿舍小楼里，一住就是二十五年。

茅盾从1927年开始被迫逃难，过着非公开的生活。直到1949年10月1日，他出现在大众眼前，站上了天安门，与毛主席等国家领导人一起参加开国大典。漂泊动荡的三十多年，终于过去了。

然而安定的日子并没有维持多久，20世纪60年代的政治运动，文学界损失惨重。茅盾被抄家，一直只负责照顾孩子，只有中学文化程度的孔德沚也被牵连。孔德沚在这场突如其来的灾难中，高度紧张，促使她的糖尿病复发，70多岁的茅盾一直在医院细心地照顾着压力巨大的她，只为让她放宽心，安心养病。

1964年，茅盾在《文艺报》上发表了《读陆文夫的作品》和《读〈冰消春暖〉》两篇评论文章之后，开始了人生中长达十二年的"沉默"。

茅盾的名字，从那一天开始，从各种庆典及宴会的通知名单中消失。政府给他分派的车辆和警卫员也被陆续撤走，他回到家中，拿起笔写作，仿佛文学的舞台上，他从没出现过。

1970年年初，孔德沚病情恶化，去世，结束了她与茅盾44年的婚姻生活。

茅盾的身体也越来越不好，加上年纪大了，不再适合住在楼房里，他独自一人搬到了后圆恩寺胡同13号的四合院里，在这个离南锣鼓巷很近的寂静胡同中，茅盾度过了他人生中最后的六年。

后圆恩寺胡同的最后时间里，茅盾完成了他最后的作品——回忆录《我走过的道路》。尽管茅盾身体已经很不好了，一只眼睛已接近失明，他还是坚持写完了这部将近40万字的手稿。在他不得不放下笔，在医院治疗时，作品最后的内容，则由他口述在录音机中，他的儿子和儿媳根据录音再整理出来，这才形成了茅盾完整的一部回忆录。

茅盾向来是温和的，所有的愤怒和不好的情绪都是发泄在文章里。生活中唯一的一次生气，是在他生病后，新版全国教材选用了他的散文《风景谈》，得知自己的文章被教材收录后十分开心，也很乐意被使用。收到教材排样后，茅盾发现仅仅三千多字的文章，被修改了100多处，剩下的也不是他熟悉的自己写的文字。茅盾失望并且愤怒地给教材编辑部回了一封信：

"你们改字改句，增字增句，多达百数十处，我不懂为何有此必要。大概你们认为文章应该怎样写，有一套规范，不合你们的规范，就得改。那么，又何必选作家的文章来做教材呢？每个作家有自己的风格。你们这种办法（随便删改，却又不明言），实在太霸道了，不尊重作者的风格。"

接到信件后的编辑部，多次与茅盾商议，当时已经 83 岁的茅盾，受着病痛的折磨，还要看着他们把自己的文章改成另一个样子，最终编辑部只能做出让步，让《风景谈》大部分又恢复了原貌。

1981 年 3 月 14 日，茅盾让韦韬笔录，自己口述，写下了两封信。一封是希望中共中央恢复他中国共产党党员的身份。另一封写给当时的中国作家协会书记，茅盾在信中以作家的身份为作家协会捐款 25 万元，作为长篇小说奖的资金，因而有了现在的"茅盾文学奖"。

3 月 27 日，茅盾便离开了人间。

3 月 31 日，中共中央根据茅盾生前请求，不仅恢复了他中共党员的身份，党籍也从他加入共产党开始算起，党龄整整 60 年，占据了他生命的四分之三。还把他在"文化大革命"中背负的一切罪名全都抹掉，为他洗清了冤屈，留下了清白的一生。

"老师教给我，要学骆驼，沉得住气的动物。看它从不着急，慢慢地走，慢慢地嚼；总会走到的，总会吃饱的。"

05

"我们住过的椿树胡同，新帘子胡同，虎坊桥，梁家园，尽是城南风光。"

　　1917 年，林焕文带着已经怀孕的妻子黄爱珍离开台湾地区，到日本发展。

　　在日本的事业一直没有得到很好的进展，又举家迁回大陆。

　　1923 年，5 岁的林海音随父母回到中国，在前门外的谦安客栈落脚。很快，父亲林焕文在宣武区原椿上二条的"永春会馆"找到了房子。

　　椿上二条胡同，位于北京原宣武区琉璃厂西边，永春会馆原是福建人修建的。林焕文为了让孩子们方便上学，只说是福建过来做生意的，住在永春会馆也很方便。永春会馆离琉璃厂很近。如果从骡马市大街穿过魏染胡同，过西草厂，到椿树胡同的井窝子，斜对面就是林海音所住的永春会馆了。

刚开始，从日本回来的林家，还保留着许多在日本的习惯。

一家人最爱的是寿喜锅，他们去肉铺，都会交代掌柜的把肉切小一点，厚一点。久而久之，肉铺的老板只要听说是林家要吃日本锅子，便知道这肉该如何切了。

还有另外一个习惯，林海音最爱吃手摇冰淇淋，母亲做多了，就会招来街坊邻居的小孩儿们一起来吃。

林海音家里还摆着一个手摇留声机，最开始只有一些从日本带回来的唱片，后来，林焕文买来一些京戏、地方戏的唱片，放着和大家一起听。每次家门口都会围着很多人，而调皮的小英子，会把自己不喜欢的人推出去不让他们听，把喜欢的人都拉进来。

椿上二条胡同口有一个"惠安馆"，里面住了许多在大学里念书的学生，还有大人们口里经常说的疯子秀贞。

林海音小时候喜欢跟宋妈一起去买菜，在油盐店里看见两个伙计正为难卖东西的妞儿，英子就蹿出去，叉腰说道："凭什么？"

她和妞儿经常溜出去，一起玩。

妞儿害怕惠安馆的疯子，两人便在井窝子旁见面，英子会给妞儿带一些好吃的和好玩的，她打心底喜欢这个柔和、有着又黄又短小辫子的女孩儿。

有的时候她等不到妞儿，便一个人穿过胡同，经过惠安馆回家。

英子从来不怕疯子，平日里经过，她都会好奇地往惠安馆那两扇大黑门里多看两眼。只要疯子出来，大人们都会紧握住她的手，边说"疯子"，边擦着墙边加快脚步。

小小年纪的英子，想知道那扇总是半开着的大黑门里究竟有什么。

一次，一个人回家的路上，她看见"疯子"站在门口，她小心地从墙根儿边走过去，眼睛却不停地看

东椿树胡同

位于北京西城，北起香炉营东巷，南至西草厂街。胡同北段过了琉璃厂西街后分为两段，最后在香炉营东巷南口合一起。

东椿树胡同，明清时因附近有很多椿树而得名。

京剧艺术家徐东明、余叔岩、尚小云、荀慧生等都曾居住于此。东椿树胡同18号是辜鸿铭故居，他50岁来北京之后居住的地方。

门口的人。"疯子"靠在门口笑着说话了，问她几岁了，还说不是她的小桂子。

小英子不知道她在说什么，只是被她拉着手，听她讲她的小桂子的故事，英子觉得有意思，仿佛是在过家家。

于是这成了她和秀贞的秘密。她常常偷溜进惠安馆，听她讲小桂子的故事。

后来，妞儿可以从横胡同穿过来，就不用经过惠安馆。她们便每天下午在永春会馆的西厢房里喂小鸡、聊天。妞儿每次都是匆匆忙忙地来，着急地走。她说她爹逼着她吊嗓子，不许她出去玩，她只能趁他不在溜出来待会儿。妞儿还告诉她："我不是我妈生的，我爸爸也不是亲的。"

英子听了心里很不舒服，晚上睡前突然哭了起来，絮絮念叨着"妞儿的爸爸……他不好……"，却又想着妞儿的事情不能说出来，只能胡闹着说自己是要找爸爸。

一个大雨夜，英子送走了自己的童年玩伴妞儿和秀贞。秀贞以为妞儿是她的小桂子，带着她赶车去天津，和英子说，我们到了就给你写信。

英子醒来，才知道自己发烧昏迷了十天。她总感觉自己忘记了一些事情，但大人们也不提。

出院后，林海音全家搬到了新帘子胡同。

林海音在《城南旧事》中提到："新帘子胡同像一把汤匙。这是条死胡同，做买卖的从汤匙的把儿进来，绕着汤匙底儿走一圈，就还得从原路出去。"

在新帘子胡同附近的长甸附小，林海音开始了学校生活。新帘子胡同西边是新华街，过了顺治门就是厂甸附小。后来新华街城墙打通，直接穿过兴华门就到了学校。

林海音从小就爱读书，每周六父亲下班回家，便会把她订的《小朋友》《儿童世界》等杂志带回来，进了院子便扬着手上的杂志对屋里嚷着："《小朋友》来喽！"

而此时的英子早已在门口张望。在学校里，她最常去的地方就是缝纫教室和图书室，那间小小的图书室，是她文学启蒙的摇篮。她也会经常去琉璃厂的中华书局和商务印书馆买书。

小时候，林海音的愿望就是开一家书店或文具店，这样每天就有看不完的杂志和书了。

国文书上的《我们看海去》，深深地吸引着她。

但她分不清天空和大海，就像她分不清好人和坏人一样。她和那个在草堆里遇到的男人约好，要一起去看海。在看着那个在槐树底下，主动给他玻璃球的男人被当作"贼"抓走时，她就倚在母亲身边，她很想哭。她一直想着，天空和海一定要亲眼去看，有什么不一样，但那个说送她出国去念书，然后陪她去看海的男人，却好像变成了坏人。

从新帘子胡同搬到虎坊桥的广东蕉岭会馆，那几年，正赶上新文化运动。

虎坊桥在珠市口西大街与骡马市大街东西相接的十字路口，是通往繁华区的街道，从虎坊桥到天桥、前门、八大胡同都很方便。

林海音和妹妹经常坐在会馆门口，看着不断有学生、革命党人被带走，她对天桥，留下了深刻的印象。

后来，小英子觉得自己身边的人仿佛都不太能留住：兰姨娘和德先叔一起离开，去了上海。宋妈等着丈夫带着长大后没见过面的儿子来找她，等到的却是小栓子去世的消息，而女儿也被丈夫偷偷地送走。最后宋妈坐着他丈夫的小驴儿回乡下了。

1931 年，父亲病重住院，一天比一天严重。林家搬到了梁家园公立医院附近的一栋两层小楼里，方便照顾住院的林焕文。

一向讲究的林焕文，在医院再也打不起精神，他的脾气也越来越暴躁，他恼怒自己不能再像以前那样做许多事情，他总是催促英子，让她去办事，让只有十二三岁的小英子担起了许多事情。

父亲躺在病床上，一再叮嘱林海音上课不要迟到。英子看着病中的父亲，仿佛回到了她唯一的一次迟到：那次是因为下雨，她不想冒雨走路去上学，父亲就用鸡毛掸子追着打她，那也是她第一次花钱坐车上学。

自那之后，小英子再也没有迟到过，永远都是站在铁门外等校门打开的那一个学生。

在父亲生病期间，林海音的弟弟死在了抗日战争的大连战场上，父亲独自一人到大连带回了他的遗物。回到北平后，父亲病情加重，吐血不止，这年端午，没过几天，林焕文病逝于日华同仁医院，享年四十四岁。

英子记得，常会有人和她说，你是个小大人了，要照顾好弟弟妹妹们。而她现在也真正成了他们口中的大人。

"这里就数我最大了，我是小小大人。"

南柳巷

位于北京西城，北起北柳巷南口，南至魏染胡同。长约286米。

南、北柳巷以琉璃厂西街为界，作为东城墙外的护城河遗迹，因护城河沿岸生长的柳树而得名。

南柳巷中40号为晋江会馆，建于清代，著有《城南旧事》的著名女作家林海音就曾居于此。

看着院子里掉落的夹竹桃，她默念：爸爸的花儿落了，我也不再是小孩子了。

母亲带着林海音和弟弟妹妹们拒绝了台湾亲人的帮助，一家人留在了北平。

父亲去世后，林家的日子越来越不好过，全家搬到了西城区南柳巷40号的晋江会馆。

位于琉璃厂西街的晋江会馆建立于清代，是为方便福建和台湾人来北平居住用的。因为是晋江老乡，他们住在这里省下了房租。

父亲走后的第二年，四妹妹和三岁的幺弟都随父亲去了。

"父亲的死，给我造成了一串倔强，细细想来，这些性格又何尝不是承受于我那好强的父亲呢？"林海音在一篇回忆文章中写道。

父亲死后，全家人每天情绪都很低落，梁家园胡同的院子里，父亲种了许多不同的花，到晋江会馆凋零了很多。小英子觉得，只要让父亲种的花儿们继续活下去，全家人就会有生活的希望。她开始每天用心地照料父亲的花，就像父亲从没有离开过一样。

1934年，林海音考入成舍我创办的北平新专，上学期间，林海音是北平新专的风云人物，被称为北平新专"四大金刚"之一。她还是学校排球队的队员。也是在学校，她认识了《世界日报》的夏承楹。

《世界日报》编辑部离北平新专很近，编辑们下班后经常到北平新专打球。其中一名年轻的编辑，排球打得好，这就是夏承楹。

林海音念完一年级后，写作成绩好，被派到《世界日报》实习。她白天上课，下午到《世界日报》上班、写稿。

《世界日报》的编辑部里只有一张长排桌，上晚班和上白天班的同事共用一个抽屉。林海音和夏承楹被分配到共用一个。

夏承楹是《学生生活》版主编，他白天上班，有时加班就会遇到来接班的林海音。一次聊天，意外地发现两人不仅是师大附小的校友，而且他们在读书时都喜欢去琉璃厂文化街的商务印书馆和中华书局看书、买书。于是，就有了后来林海音来上晚班时，会看到办公桌抽屉里留下的零食和水果，或是一张约会的纸条。这张桌子见证了他们的情缘。

1939 年，二十一岁的林海音与三十岁的夏承楹在东单三条协和医院的礼堂里举行了婚礼。

这场婚礼成为文化界的盛事，婚礼虽然采取了西式的新形式，但两家仍保留了一些旧的习俗。母亲为林海音准备了嫁妆：四床四铺、四季衣服、四只箱子、一盒首饰……亲家在婚礼上也身着旧式的"补服"。

每当有人问林海音他们的恋爱史时，她总笑着说，我们就是两个人上班在一起，玩在一起。我们都爱读书，都写文章。志同道合嘛！

米市胡同

位于北京西城，北起骡马市大街，南至南横东街。

米市胡同形成于明朝，由于有米粮集市而形成街道，故而得名。

米市胡同乜三号，始建于清朝，前身为南海会馆，现为康有为故居。

婚后，林海音搬到了永光寺街夏家的小楼里。夏家是一个四十多口人的旧式大家庭，这里虽然离晋江会馆很近，走路十分钟就能到。但两个家庭氛围却截然不同。夏家有着严格的封建等级制度。这也是林海音第一次感受到真正的京派生活。

初为人妇的林海音，与一大家子人生活在一起，她处处小心谨慎。这段生活对她的写作和之后的生活，都有较大的影响。

"那个时代是新和旧在拔河。新的虽然胜利了，旧的被拉过来了，但手上被绳子搓得出了血，斑渍可见。"

1948 年，北京局势越来越不稳定，林海音与夏承楹带着母亲、弟弟、五妹和三个孩子，从上海登船，离开生活了二十多年的北京，第一次回到了家乡台湾。

海柏胡同

位于北京市西城区东北部，东起北极巷，西至西茶食胡同。

清时称海北寺街，后谐音为海柏胡同。

海柏胡同 16 号原为广东顺德会馆，是朱彝尊在北京居住时间最长的地方。

到台湾后，他们赶上台湾省博览会开展。林海音一边看一边做笔记，她努力地想要更快地了解自己的家乡，让自己融入这里的生活。

初到台湾第一年，林海音的作品就源源不断地出现在报纸上。据统计，一年时间，她就刊登了近百篇文章。

1949 年，林海音进入《国语日报》工作，与多年前在《世界日报》一样，她和夏承楹再一次成为同事。

在家里，夏承楹很少下厨房，他把所有的家务事都交给林海音，从不干预。但到了夏天，夏承楹就会煮孩子们和林海音都爱喝的酸梅汤。他自己去药铺买乌梅，在厨房熬煮。

在夏家，"爸爸煮酸梅汤"是一件大事，孩子们都很开心。有时候，夏承楹要赶稿子，就让孩子们在厨房帮忙守着，等到水开，他就匆匆地从书房跑出来，添水加糖后，再回到书桌前，最后再晾上一个下午，放进冰箱。夏天家里有客人，他们都会端出冰镇的酸梅汤，让台湾友人也尝尝北京人从小就喝的酸梅汤。

夏承楹还有一个爱好，自制花椒盐。

夏承楹在很多菜里都喜欢放上一些花椒盐调味，花椒盐也是他亲手制作。

他把花椒烘焙后压碎，加上盐，放在小坛子里随时都能用。有一次，夏承楹在放盐时把糖当成了盐，最后做成了一罐"花椒糖"。之后，林海音以小女儿的口吻写的《爸爸的花椒糖》便问世了。

1965年，林海音应邀访美，与她关系很好的几位作家，来机场为她送行。林海音头戴花环，脸上洋溢着甜蜜的微笑，频频向瞭望台上的人挥手告别。

从美国回来的途中，林海音中转去了日本。她根据自己的记忆，寻找自己出生的地方，她用自己仅会的一点日语，加上笔谈，竟然找到了她出生的医院。

1990年，林海音在长子林祖焯的陪同下，踏上了阔别四十一年的北京。

回到北京后，她去南柳巷40号的晋江会馆，院子已经被拆了，重建成了其他房子，大门上的匾额被邻居珍藏起来。

一块两米多长、半米多宽的木匾，"晋江邑馆"四个黑色的颜体大字赫然在目，承载着林海音童年生活记忆，木料已然老化，但字迹还是那样清晰。

故地重游的林海音，想起了惠安馆里看到的疯女人，在附小校园里看着换新了的秋千，想到那时她就爱使劲儿地荡，就想荡上蓝蓝的天上去。

在台湾生活了四十多年的林海音，北京话一点都没有丢，她和胡同里的老人们用地道的北京话交流，喝着刚端上来的豆汁儿，却对老板说这豆汁儿不够正宗。她说："这豆汁儿不行，这是凉的啊。豆汁儿刚熬出来热的，再配上一些酱菜吃才有味儿。"

2001年12月1日，林海音逝世于台北，享年83岁。

"才华是刀刃，
辛苦是磨刀石，
再锋利的刀刃，
若日久不磨，
也会生锈。"

06

"好，不再说了吧，要落泪了。真想念北平啊！"

灯市口西街的胡同口就是丰富胡同 19 号所在的位置，丰富胡同位于北京东城区，南口在灯市口西街上，离王府井商业街很近。

这个院子现在修建为老舍纪念馆了。老舍从美国回来后，买下这个院子重新装修居住。

我到达老舍纪念馆，已经是下午四点多，时间晚了点，纪念馆门口还站着许多刚从里面参观出来的人。

"老舍纪念馆"的牌子挂在并不宽阔的门旁，纪念馆的门是之前留下的，没有扩建，仅够两个人勉强并排通过。

这是一座老北京典型的四合院，进门首先看到的

丰富胡同

原名丰盛胡同，为了区别于西城的丰盛胡同改名为丰富胡同。

位于北京东城，王府井大街西侧，北起大草厂胡同，南至灯市口西街，平行于王府井大街和东皇城根南街，南北走向，全长178米。

乾隆时，因胡同中有许多人以做风筝手艺谋生，故称风筝胡同，宣统时称丰盛胡同，后改为丰富胡同。

现在的丰富胡同19号院是老舍北京纪念馆，旧时门牌号为丰盛胡同一〇号，院子里有老舍和夫人一起种下的两棵柿子树，又被称为"丹柿小院"。老舍先生在这里生活、工作了16年，写下了《龙须沟》《茶馆》《正红旗下》等文章和曲艺作品。

是影壁上的"福"字。院子四四方方，整个纪念馆分为三个展厅。北房是老舍的书房，保持着原貌，书桌正对院门，书房很小，从书桌上不用起身，一转身就可以拿到书橱里的书籍。现在纪念馆里留有保留较为完整的老舍字画和收藏的古董，供人参观和了解。

丹柿小院现在的两棵柿树，枝叶已经高过了围墙。

丰富胡同19号，老舍度过了他一生中最后的17年，在这里，他完成了《龙须沟》《茶馆》《正红旗下》等大量曲艺、杂文、散文作品。

新街口南大街南口东侧，不到200米，在一个胡

同口就可以看到"大杨家胡同"的牌子。

大杨家胡同里有一条小杨家胡同,从大杨家胡同进去,到了小杨家胡同,胡同口就变得非常狭小,仅三块方砖左右的大小。胡同里面也非常曲折,我按照导航,差一点错过了那个小小的分岔路口,我只能下车,推着自行车进去。

小杨家胡同位于北京西城区新街口以南,不像一般胡同那样直直的,它是弯弯绕绕的,中间有两个相互分离的葫芦形空场,但胡同口却极其狭窄,仅有三块砖宽。这种格局颇似羊圈,因此被命名为小羊圈胡同。后来被改名为小杨家胡同。

这里也是老舍出生的地方，后来他以小杨家胡同8号为背景，写出了经典长篇小说《四世同堂》，也让大杨家胡同、小杨家胡同和百花深处这一片变为老北京的象征。

8号院在小杨家胡同其中一个圆形空场的角落，四周房子是后来重新修建的，没有了老北京四合院的形态，全都是一栋一栋的灰色小楼，屋门也从铁门换成了铝合金防盗门。只有角落的8号院子，保留着老院子的形制，院门还是木门，现在这是私人住宅，往里看也和平常四合院一样，换成了防盗门和玻璃窗，也不剩下什么了。

"你们是来找老舍的吧。这儿不让进的，都是别人自己家里了。"

旁边的住户正好从外面回家，看到我说。

"就这一片了，现在啥也没有了。"

我站在胡同中间的空地中，想象着老舍先生小时在这里玩耍的模样。老舍多次把这些写进了作品，使得它虽然是一条很短小的胡同，但却在北京一众胡同中拥有很响亮的名声。

"我想写一出最悲的悲剧，里面充满了无耻的笑声。"

1899年2月3日，腊月二十三，北方的小年。这一天，老舍出生在护国寺附近的小羊圈胡同。人们都在欢送灶王爷，家里人便给他取名为"庆春"，一个迎接新春的好寓意。

老舍出生的时候，因为啼哭声不够大，接生婆便让父亲用一根大葱打了他几下，口中念念有词："一打聪明，二打伶俐！"果然，他的啼哭声立马变得洪亮了，父亲高兴地多给了接生婆一些钱，把这根葱扔到了房顶上。

老舍出生的小羊圈胡同，也是他度过童年的地方，一直到14岁，老舍才从这里离开，在他的多部作品中不止一次提到过小杨家胡同，他笔下的《四世同堂》中祁老住的胡同，也是这里。

老舍的父亲舒永寿，是满族正红旗下的一名护军，靠着每月三两饷银，一家人才勉强生存。八国联军攻入地安门的战争中，父亲死在北长街的一家粮店里。全家失去了经济来源，母亲带着一岁多的老舍，靠替人洗衣裳、做活计，来维持生活。虽然母亲竭力支撑，但日子依旧是越过越糟。

1908 年，老舍早已到了该入学的年纪，母亲没有额外的钱，供他上学堂，又加上老舍从小就身体比较弱，母亲怕他受同学欺负，就让老舍一直在家待着。后来，在刘大叔的帮助下，老舍才进入京师公立第两等小学堂念书。

刘大叔和老舍家祖辈上是主仆关系，老舍家为他们家当护军，保护过他们。这种关系一代代传下来，就成了老交情。

刘大叔在老舍家，看到独自玩耍的他问："孩子几岁了？上学没有？"

"他的衣服是那么华丽，他的眼是那么亮，他的脸和手是那么白嫩肥胖，使我感到我大概是犯了什么罪。我们的小屋，破桌凳，土炕，几乎禁不住他的声音的震动。"老舍在《宗月大师》中描写初见刘大叔的场景。

刘大叔财大气粗的形象在老舍的童年中显得很高大，他很感动刘大叔并没有因为他们家庭条件的区别，而看不起他和母亲，还会很和善地和他一起玩，学业上也一直帮助着他。

"明天早上我来，带孩子上学，学费、书籍，都由我负责，大姐你都不必管！"老舍高兴极了。第二天，他就跟着刘大叔进了一家私塾。

"学校是一家改良私塾，在离我的家有半里多地的一座道士庙里。庙不甚大，而充满了各种气味。学校是在大殿里，大殿两旁的小屋住着道士，和道士的家眷。大殿里很黑、很冷。神像都用黄布挡着，供桌上摆着孔圣人的牌位。学生都面朝西坐着，一共有三十来人。老师姓李，一位极死板而极有爱心的中年人。刘大叔和李老师'嚷'了一顿，而后教我拜圣人及老师。老师给了我一本《地球韵言》和一本《三字经》。我于是，就变成了学生。"

读书的日子里，老舍经常在放学后，和同学们一起到小茶馆听评书《小五义》或《施公案》。偶尔还会去刘大叔家里玩耍，他们家有两个大院子，刘大叔

小杨家胡同

原名小羊圈胡同，位于北京西城，北至大杨家胡同，西至新街口南大街。胡同内部曲折，有好几道拐折，整体呈西半边为东西走向，后半段为南北走向。

小杨家胡同内有两个相互分离的葫芦形的空场，因为这种格局很像羊圈，所以被命名为小羊圈胡同，后被雅化为小杨家胡同。

原门牌号小羊圈胡同5号院，就是现在的∞号，是老舍先生出生的地方，他在这里一直生活了14年。

经常拿一些稀奇的点心给他吃。

"他的宅子有两个大院子，院中几十间房屋都是出廊的。院后，还有一座相当大的花园。宅子的左右前后全是他的房屋，若是把那些房子齐齐地排起来，可以占半条大街。此外，他还有几处铺店。"

在小学毕业后，亲戚们都让老舍去找一个师傅，学一门手艺，可以挣钱替母亲分担一下家里。但老舍希望继续读书，他偷偷考入了北京师范学校预科班，平时的吃住都是学校提供的。

1918年，老舍从预科班毕业后，被学校派到京师公立第17高等小学任校长，他只是一个刚毕业的普通中学生，虽然享受着优厚的待遇，但他仍然希望回到学校，继续自己的学业。

两年之后，老舍辞去了校长一职，重新回到学校求学。他开始发表文章，用笔名"舍予"发表了第一篇文章《她的失败》，这也是他走上作家之路的第一步。

1924年9月，老舍离开北平，受伦敦大学的邀请作为学校东方学院的华语学系讲师去到英国。

老舍一直住在伦敦，五年后才回国。

微薄的工资，不允许他随意游玩，甚至直到离开伦敦，老舍也只能趁着没课，出去一两天，到伦敦周边看看风景，感受异国情调。

他在国内《小说月报》上发表了不少作品，其中《老张的哲学》《赵子曰》《二马》等文章均受到欢迎，这一时期，他改用"老舍"这个笔名。

1929年，老舍回国，到齐鲁大学担任教授。

在北平，老朋友白涤洲和罗常培热心撮合老舍和胡絜青，白涤洲借口有事情要胡絜青来家里，结果见到住在白涤洲家的老舍。他们为了给老舍和胡絜青更多见面的机会，几个人轮流请客吃饭、喝茶，就只请老舍和胡絜青两人。

频繁的接触交谈后，两人互相产生了情感。胡絜青的母亲在罗常培给她介绍完老舍后，她对老舍的才华和人品都非常满意，早就暗自同意了这门婚事，甚至与罗常培他们一起商量了一个又一个让两人见面的计划，只为让他们更顺利地在一起。

齐鲁大学开学后，老舍无奈地回到济南，他与胡絜青开始了一年频繁的书信交流，老舍告诉胡絜青自己的家庭身世、理想和志愿，说他的处世原则和夫妇之间的生活理性。两人情投意合，还有着爱好文学的共同志趣和很多相同的生活习惯。

直到1931年夏天，胡絜青大学毕业，老舍赶回北平，与胡絜青在西单牌楼附近的聚贤堂饭庄，举行了结婚典礼。胡絜青身着同学特意从天津租来的一件白色婚纱，老舍身穿淡色西装，两人接受了来自双方家人和好友们的祝福。

结婚典礼由罗常培、白涤洲作为介绍人，宝乐山为证婚人，结婚日为1931年7月28日。

婚后的老舍，在北平住了一个月，他们两个人一起返回山东。

夫妇俩从老舍原来的单人公寓，搬到提前准备好的南新街54号的小房子里。屋子里有两张单人床、一个五屉柜、一张桌子，这里作为卧室和客厅。北屋靠窗处放了张书桌作为书房。房子不大，但在老舍的布置下，生活必需的家具也都算齐全。院子里种满了花草，紫丁香和一缸荷花，由老舍自己每天早晚浇花、施肥。

婚后两人都在学校上课的同时，老舍继续写小说。婚前，他就对胡絜青说："每天清晨起来，不要跟我说话，倘若我坐在那里吸烟，一声没言语，你也别跟我说话，那是我正在构思呢。我也没有跟你闹别扭，也不是讨厌你，你不要打搅我。"

此后，没人打搅老舍早上的写作，这也成了舒家几代人的习惯。

老舍在山东济南这间小屋里，写下了长篇小说《离婚》《牛天赐传》。

再一次回到北京，是1949年新中国成立之后。

老舍童年时生活的小羊圈胡同和护国寺，已面目全非，他用五百元的版税，买下了位于北京东城区灯市口西街的丰富胡同19号。

这座旧式不规则的四合院就位于胡同南口上。院子里两边各有一棵柿子树，那是老舍搬进来后和胡絜青种下的，两株大拇指般的幼苗，伴着老舍在院子里生活，因而，老舍这院子又得名"丹柿小院"。

老舍喜欢种花草，是从他母亲处学到的。

老舍喜欢用充满生机的植物来点缀生活,他说:"花在人养。"老舍到了爱花成性的地步,经常会"以花会友",邀请爱花的人和爱文字的人,一起坐在满是花草的院子里,聊天、喝茶,写出了不少文章。

每年,老舍除了邀请好友来家里赏花,还会邀请市文联的同事们到家里和他一起过生日。餐桌上酒菜丰盛,酒是"敞开供应",菜是老舍和夫人亲自搭配的。基本都是地道的北京风味,很多年轻人都叫不上名字,但除了老舍这里,其他地方是没有吃的。

一次,许多年轻人聚会,请教老舍要怎样写诗,老舍说:"我不会写诗,只是瞎凑而已。"老舍当场还"瞎凑"了一首。

"大雨洗星海,长虹万籁天;冰莹成舍我,碧野林风眠。"

老舍的这首五言绝句,诗中包含了现代诗人孙大雨、人民音乐家冼星海、现代名人高长虹、电影工作者万籁天、女作家冰心、重庆《新蜀报》的总编辑成舍我,碧野也是当代作家,林风眠是画家。短短的20个字把当代著名的8位文艺家的名字凑在一起,大家听了都赞叹不已。

除了聚会,老舍还有一大爱好,就是收藏中国画。

不同尺寸、不同风格的，他都有。条幅状的就悬挂在墙壁上，扇面就放在书桌上，随时把玩。他在西房设计了一个大壁橱，请人打在墙里，把他收藏的字画和古董都放在里面。

1962 年以后，63 岁的老舍，就已经难以写出自己愿意写的东西了，他不再长时间拿笔写作，他经常一个人坐在西屋，独自玩骨牌，也不太爱与人交流。与其他人，他渐渐地变得格格不入。

1966 年 7 月底，老舍突然开始咳血，半夜开始大口吐血，胡絜青和儿女急忙把他送到医院。

医院诊治为：慢性病急性发作，阻塞性肺气肿、支气管扩张、结肠过敏、坐骨神经痛等。

在医院的老舍，看着报纸，知道外面一些和他一样的人，正在接受大量调查。

翠花胡同

位于北京东城，东起王府井大街，西至东皇城根大街，平行于五四大街和东厂胡同，整体呈东西走向，东口处突然有一个向南的曲折，连胡同形成一个草书里的"工"字。胡同东口不远处就是现在的地铁 8 号线美术馆站。

胡同名字的由来，即使是住了近半个世纪的老人也不知道，只知道这里是过去给王府种过花的花房。

季美林曾经居住的院子后门就开在翠花胡同上，临近东厂，所以，这里的院子曾经是东厂囚禁、拷打犯人的地方。就有了季美林自己幽默的说法："每日'与鬼为邻'，倒也过得很安静。"

出院后，老舍戒掉了香烟，不仅是家人遵医生的嘱咐，还有一个原因，就是当时最劣质的香烟老舍也已经很难再消费得起。迫于这些条件，老舍只好咬咬牙，决定不抽了。

除了戒烟，老舍自己把酒也戒掉了。其实，他并没有酒瘾，只是喜欢偶尔喝两杯，但酒精遇到贫血病，就会一直头晕。同时，酒精对他的肠胃病也不好。

"去年，因医治肠胃病，医生严嘱我戒酒。从去岁十月到如今，我滴酒未入口。

不喝酒，我觉得自己像哑巴了：不会嚷叫，不会狂笑，不会说话！啊，甚至于不会活着了！可是，不喝也有好处，肠胃舒服，脑袋昏而不晕，我便能天天写一二千字！虽然不能一口气吐出百篇诗来，可是细水长流地写小说倒也保险；还是暂且不破戒吧！"

在经历了很痛苦的一段时间后，戒酒成功，老舍又开始想自己还能再戒一些什么了。

于是他开始戒茶。

"我不知道戒了茶还怎样活着和干吗活着。但只要当我想到茶价的增高，就会起一身小鸡皮疙瘩！"

1966年"文化大革命"开始后，老舍顶着右派帽子，给老友臧克家打电话，说："我是老舍。我这些天，身体不好，气管的一个小血管破裂了，大口大口吐血。遵从医生的决定，我现在烟也不吸了，酒也不喝了。市委宣传部长告诉我不要去学习了，在家休养休养。前些天，我听一位参加批判大会的同志说，其中有我们不少朋友，嗯，受受教育……"

臧克家与老舍相交几十年，两人又有许多年没有见面了。这是第一次，也是最后一次他们听到对方这样的声音。

8月23日，刚出院的老舍，觉得自己不能一直躲在家里，他和往常一样去文联上班。刚到门口，就看见萧军等三十多人被带走，一个眼尖的北大学生看见他，立马大叫："这是老舍，是他们的祖师爷，大反动权威！揪他上车！"

在文庙，老舍和众多文人眼睁睁地看着各种京剧的服装燃烧，冲天的火光，演出用的刀枪和带铜头的军用皮带在火花里一下下扬起来，又落下。

老舍被打得头破血流，血从上衣衣袖里浸透出来，滴到地上。看着和他一样被打得满身是血的文人们，老舍气愤地将手中的牌子扔下，这一举动，又引来红卫兵的轮番毒打。

箭杆胡同

位于北京东城，北池子大街东侧，南北走向，南端有曲折。

胡同呈"T"字形，北起智德北巷，南至骑河楼南巷，东临北河沿大街，东边没胡同口，全长153米。

在清朝，这条胡同内有经营箭杆的作坊和店铺，故称箭杆胡同。

胡同现在只剩下西口拐折的一部分，其他部分被拆除。现在的箭杆胡同20号陈独秀旧居，原为箭杆胡同9号。1917年陈独秀租住在东院，断断续续住了3年，这里成为《新青年》在北京的编辑部。

直到深夜，胡絜青接到命令，把奄奄一息的老舍带回家。见面后，胡絜青扶着老舍，看着他浑身的伤痕，与早上出门的时候完全不同，要不是手被紧紧地抓住，胡絜青都不敢相信他还活着。

老舍回到家，一句话也没说，而等待他的却是明早必须拿着"现行反革命"的牌子，到市文联报到的通知。胡絜青为老舍清理伤口，早已泣不成声。

第二天早晨，老舍送孙女去上学前，俯身对她说："和爷爷说再——见！"

老舍无法承受屈辱，独自走到德胜门外的太平湖公园，在岸边坐了一上午，下午就离开了。

太平湖公园，离老舍出生的小羊圈胡同只有半站路。老舍靠写小说最早挣到的稿费，在太平湖边给母亲买了间小屋。而老舍投湖的位置，正好对着母亲过世时住着的房子。

25日清晨，老舍的尸体被人在湖中发现。岸边的树上还挂着他的制服，口袋里放着他的工作证和名片。

下午，北京市文联把舒乙叫去，给他一张证明函，称："我舒舍予自绝于人民，特此证明。"。

1978年，老舍得到平反，恢复了本属于他的"人民艺术家"称号。

"文艺界尽责的小卒，睡在这里。"这句他自己的话，刻在了他的墓碑上。

"我是个拙笨的学艺者，没有充分的天才，全凭苦学。"

07

"真正的好戏是人打破规矩。"

位于护国寺街上的梅兰芳故居。

西城平安里路口往北，路东第二条胡同就是护国寺街。东起德胜门内大街，西至新街口南大街，全长593米。

护国寺街东口9号，现在是梅兰芳纪念馆。梅兰芳在这里度过了他人生的最后10年。

现在的护国寺街全是水泥建筑的街道上，只有梅兰芳纪念馆是白墙和瓦片屋顶，非常显眼。拐进胡同的第一个院子，红色大门上挂着邓小平亲笔题写的"梅兰芳纪念馆"六个烫金大字。进到故居，梅兰芳的半身白色雕刻石像，微笑地看着远方。

纪念馆外院，用大量照片和实物展现梅兰芳当时的艺术成就和影响力，还有一些他的画作，展现了他动人的一生。

走进内院，绕过影壁，沿四周的走廊可以到东西厢房和北屋的五个不同的展厅。北屋为"故居陈列室"，保持着梅兰芳在时的原貌，包括他1951—1961年间生活和工作的会客厅、起居室、书房和卧室。之前作为会客厅、书房和起居室的房间改成了陈列室，东、西厢房作为专题展览，不定期更新关于梅兰芳生平的展览内容。

屋子里摆着装裱精细的一幅比人还高的梅兰芳画像，画像中，梅兰芳身穿戏服，把台上唱戏的神情和动作还原。屋内还按照梅兰芳喜欢花草的习惯，摆上了几瓶插花。

东厢房和西厢房原本是梅兰芳女儿住的房间，以及长子梅葆玖一家居住的房子，现改为录像室，通过黑白影片和一些纪录片，来表现梅兰芳的艺术成就。

"云敛清空，冰轮乍涌，好一派清秋光景。"

1894 年 10 月 22 日，梅兰芳出生于北京前门外李铁拐斜街的梅家老宅。梅兰芳名澜，字畹华，兰芳是他后来为了唱戏取的艺名。

北京西城铁树斜街位于原来的宣武区，清朝被称为李铁锅斜街，清末后雅化为李铁拐斜街。铁树斜街现在的 101 号院，就是以前的 45 号梅家祖居。现在的青石门楼台阶，黑底雕金色繁体隶书的门联，都是根据大量的资料复原的，这个有 13 间房子、占地 204 平方米的小四合院承载了上百年的历史。

梅家从梅兰芳的祖父梅巧玲开始就靠唱戏走红京城。梅巧玲是"同光十三绝"之中的人物。为了方便

护国寺街

位于北京西城，东起德胜门内大街，西至新街口南大街。全长593米。

护国寺最早修建于元朝，初名崇国寺。康熙年间修缮后改名为护国寺，街道由此得名。

护国寺街东口的9号，京剧表演艺术家梅兰芳的故居，现为梅兰芳纪念馆。1950年回北京定居的梅兰芳在这里度过了人生的最后10年。

赶场演出，他买下李铁拐斜街45号，正阳门外，戏园子最集中的地方。

父亲梅竹芬是京剧中的旦角，擅长昆曲。母亲杨长玉是著名京剧武生杨隆寿之女。伯父梅雨田也是著名的京剧琴师。梅兰芳作为家中最小一辈的唯一一个男孩儿，他的出生注定了长大后，一定要继承家族衣钵继续唱戏。

梅兰芳本应该从小就在自家祖父和父亲手下学习唱戏基本功，但祖父在他出生前去世了，梅家除了靠父亲整天去赶场演出维持生计，还要靠伯父们的照顾才让母亲平安地生下了他。父亲在他还没满三岁时就因为日夜操劳病逝了。

1900年八国联军侵入，战乱期间没人再出门看戏，

梅家失去了经济来源，梅雨田以修理钟表为生。他们卖掉了李铁拐斜街的梅家老宅，全家搬到了百顺胡同，租住了几间比较小的屋子。

梅兰芳的学艺生涯，从7岁才正式开始。他身材矮小，体质瘦弱。伯父梅雨田为他找了著名的小生演员朱素云的哥哥朱小霞到家里教他唱戏，梅兰芳学了几个小时，都唱不下来一句。朱小霞生气地对他说："祖师爷没给你饭吃！"便离开了梅家，不肯再教他。

朱小霞的话刺激了梅兰芳。他开始发奋苦练基本功，在什刹海结了冰的水面上踩跷、踢腿、打把子……他一次次摔倒，一次次爬起来，梅兰芳自己一个人走上了艰难的练功之路。

晚年他对自己的评价是："我是个笨拙的学艺者，没有充分的天才，全凭苦学。"

梅兰芳8岁时，梅雨田为他找来与梅兰芳祖父同列"同光十三绝"的时小福的弟子吴菱仙。

吴菱仙对梅兰芳十分严格，许多人中，他对没有天资的梅兰芳格外有耐心，一遍学不会他就再教一遍，直到梅兰芳学会为止。课后别人连唱20遍，他就让梅兰芳唱30遍。别的学生都是互相监督，而梅兰芳的每一个身姿都是经过老先生亲自点正。

生活中的梅兰芳，日常也被严格控制。规律的饮食和睡眠，除了练习唱戏，没有其他的时间。梅兰芳知道自己没有天赋，一直都很自觉地刻苦练习。除了完成老师课后规定的任务，还会自行把练功范围增大。

吴菱仙一直为梅兰芳留意各种演出机会，让他一边学戏，一边在舞台上演戏，缓解家里经济压力。

梅兰芳的第一次登台，就是由吴老搭线斌庆班，替他争取到了昆曲《长生殿·鹊桥密誓》中的织女一角。个子小的梅兰芳被抱上椅子，登上鹊桥完成演出。还只学了两年戏的梅兰芳，看着台下观众们的反馈，他心里充满着紧张和兴奋。而他甜润的嗓音，俊美的扮相，得到了全场的掌声。下了台，大家都夸他以后一定会大有名气。

梅兰芳学业有成，不得不离开吴菱仙的培训班。

他依依不舍地对吴老说："这四年多的时间，多亏您对我的栽培和教诲，将来不知怎样报答您老人家！"吴老看着梅兰芳的一举一动，红了眼框，说："你用不着报答我。我竭力尽心地教你，是为了报答你祖太爷当年对我的恩情。"

吴菱仙年轻时，最早在梅巧玲的四喜班搭班演唱。有一次，他家发生了意外急需用钱，但他年纪小又不好意思向班社开口。梅巧玲知道后，给他扔了一个纸团，说："菱仙，给你个槟榔吃！"吴菱仙打开一看，纸团包着的是一张银票。吴菱仙把这份恩情一直记在心中，总想着有机会一定要报答梅巧玲。

在梅兰芳心中，吴菱仙不仅是教自己唱戏的恩师，还是耐心教导徒弟的严格的师父，而这一切的源头竟然是自己的祖父。

铁树斜街

原名李铁拐斜街，位于北京西城，东北至西南走向。西南至堂子街，东北与樱桃斜街相连形成一个闭合，长约551米。

清朝胡同中有个姓李的铸锅铁匠，所以人称李铁锅斜街。因名字和神话人物李铁拐相似，此街就被谐音为李铁拐斜街。后将棚辅夹道等胡同并入，合称为铁树斜街。

李铁拐斜街45号，现在的铁树斜街101号是梅兰芳的祖居，梅兰芳出生于此。

在铁树斜街与大外廊营胡同相交的路口，大外廊营胡同一号（近铁树斜街）是另一位京剧大师谭鑫培的故居。

1908 年梅兰芳的母亲病逝。梅雨田再次搬家，一家人住在一间非常窄小的四合院里。这是梅兰芳最困难的时期，刚出师的他没有作品，也没有戏班子要他，就没有固定的戏台子找他去搭唱，梅兰芳只能四处跑场子，挣到的钱也是被抽走了一半多后才到自己手上。

他的转机，在于他的这份坚持。他结识了冯耿光。

冯耿光早年留学日本，回国后在政府部门工作，他为人耿直，尤其喜爱皮黄。是梅兰芳最早结识的朋友，也是他最为信任的朋友之一。冯耿光很喜欢梅兰芳的嗓音，也会给梅兰芳提出一些建议，后来每次在上台前梅兰芳都会在冯耿光面前先唱一遍。冯耿光不仅成为梅兰芳的第一个忠实观众，在经济方面也给了他最大的帮助。

伯父梅雨田病逝，19 岁的梅兰芳成了梅家最后的顶梁柱，彻底地承担起了梅家的所有责任。

这一年，梅兰芳开始小有名气，有固定的一些戏台子请他去唱戏，也有一些捧场的观众，这其中就有一个影响了梅兰芳的一生的人。

一次，演完《汾河湾》回到后台，梅兰芳收到了一封长达三千余字的信，信封上写着"梅兰芳先生收启"。信中根据《汾河湾》的剧情和戏词，分别提出

南芦草园胡同

位于北京东城，东起北桥湾街，西连得丰东巷，长308米。

因曾为芦苇塘而得名，之后将靠山胡同并入，被分为南、北、中三条芦草园胡同。

1916年梅兰芳花两千多块银元买下了南芦草园胡同的一所宅院。

青云胡同

位于北京东城，南连大席胡同，北端有两条分岔，均接在西兴隆街，长280米。

梅兰芳曾在现青云胡同29号院中度过了他22岁至28岁的6年时光，29号院也见证了他一生事业上的发展和转折。

了一些关于他在戏中身段唱腔的建议。

梅兰芳看了十分高兴，采纳了信中的方法。

不久，梅兰芳又收到了第二封信、第三封信。其中关于他各种舞台设计的建议，每一条梅兰芳看过后都觉得很精彩。更改后，也引得台下一阵阵叫好。

这个人就是齐如山。

齐如山留学欧洲，归国后一直都在研究国内的戏曲。他偶尔在台下看到梅兰芳，便决定帮他。齐如山的到来加速了梅兰芳的成功。在齐如山和冯耿光两人的帮助下，梅兰芳的京戏艺术开始具备登上世界舞台的水平。对两人的感激和敬佩，使梅兰芳意识到了朋友的意义。

上海丹桂第一台的老板许少卿，经常会到北京物色各种名角儿，到上海的场子上去唱几天。他看中了王凤卿和梅兰芳二人。

王凤卿是著名汪派老生王瑶卿的弟弟，对于王凤卿，许少卿是不敢怠慢的，他许给王凤卿的包银是每月3200元。但给新唱红的梅兰芳报酬每月只有1400元。经过王凤卿再三提出，要从自己的3200元中拿出400元给梅兰芳，许少卿才将梅兰芳的包银增加到1800元。

两人在上海的第一场演出，特别顺利，他们在观众的叫好声中谢幕，台上扔满了红包、戒指、耳环、项链，作为奖赏。梅兰芳成功了。

第二天，丹桂第一台的戏台满座，许少卿见状连忙找来梅兰芳，希望梅兰芳可以唱一出"压台戏"。"压台戏"是整场戏的"压轴戏"，每个戏台都是安排质量最好、分量最重的角儿唱自己最拿手的戏。对梅兰芳来说，王凤卿是大前辈，他害怕自己唱压台戏会太过于不尊重。得知这次机会是王凤卿的推荐，梅兰芳再一次被感动。

百顺胡同原名柏树胡同，位于北京西城。百顺胡同东接陕西巷，西连大百顺胡同。胡同在西口附近分岔为两条，东西走向的取名为大百顺胡同，南北走向的则为小百顺胡同，两条胡同的另一段均接在韩家胡同上，全长245米。

明朝称柏树胡同，因胡同内有许多柏树得名，后被谐音取"百事顺遂"的含义，改为百顺胡同。

百顺胡同一带被称为戏曲民俗展示区。

著名的春台班就曾在这条胡同中开班。梅兰芳1900年也迁至此地居住过一段时间。

38号和34号分别是戏剧大师迟月亭的故居和京剧老生前三杰之一程长庚的"四箴堂"。

清朝的京剧旦角演员"老夫子"陈德霖也住在此胡同。

11月16日，梅兰芳第一次作为压台演员站上上海的戏台，唱了一出漂亮的《穆柯寨》。他英武的扮相，吸引了全场观众的眼睛。整个演出过程中，喝彩声几乎就没有停止过。

这一次从北京到上海，再从上海回到北京，梅兰芳迅速地从一名没几个人认识的小角色成长为大家日常提及的名角儿。

梅兰芳成名后，包银也越来越多。梅家也再一次过上了比较富裕的生活。梅兰芳花了两千多银元，在芦草园西口买了两所四合院，打通后，一大家子人住在里面。梅兰芳也为自己准备好了专用的交通工具骡车，雇用了专门的车夫，方便自己跑场。

芦草园位于北京东城，东起北桥湾街，西至青云胡同。这一带曾经是一片芦苇丛，没人居住，后来将胡同整治后，胡同依照当年古河道的走向而修建。

芦草园距离前门的百老汇步行只需要十多分钟。各大名角儿都曾在芦草园购买房子，方便每天上园子。

唱戏后，梅兰芳从一个师傅那里知道养鸽子可以锻炼臂力和眼力，他就开始每天观察鸽子在空中飞，有了自己的鸽子后，他在紧盯着鸽子的同时，还需要用竹竿指挥，以防放飞时间太长，鸽子飞太远。当鸽子被他驯化到可以自己回家之时，他眼珠的毛病和迎风流泪的问题也都被纠正过来了，拿竹竿，真的让他的臂力增大不少。

鸽子们成了陪伴他成长的伙伴，直到为了跑各种演出，实在抽不出时间来照顾它们，他才把自己养了十多年的小东西们送给其他人。

梅兰芳经常约请齐如山和一些文人朋友聚在芦草园，按照他的身段和舞台习惯，编排了一出又一出的新戏。仅用了一年的时间，梅兰芳先后演出了11出有自己戏剧风格的新戏。《牢狱鸳鸯》《一缕麻》《黛玉葬花》《牡丹亭·闹学》等具有明显风格的戏剧逐渐成型。

梅兰芳业余喜欢养些花，芦草园胡同的四合院里，春天有海棠，夏天有牵牛，秋天又是遍地的菊花，冬天室外下雪，屋子里也摆着多种梅花的盆景。

除了芦草园四季花草盛开的院子，梅兰芳的另一住处是无量大人胡同里的小院，他的书房"缀玉轩"也是当时众多朋友都喜欢的地方，他们经常在这处书斋里进行艺术交流。

无量大人胡同位于北京东城，"文化大革命"后改名为红星胡同，现在的红星胡同被金宝街打断，只剩下东边的一小段。

这条胡同的名气，也是因为梅兰芳买下这个院子后，印度文豪泰戈尔、瑞典皇太子等许多国际友人都曾经到这里拜访过梅兰芳。北平沦陷后，梅兰芳处境艰难，拒绝登台演出，没了收入，梅兰芳才卖掉了这座宅院。

在缀玉轩里，只要梅兰芳没有演出，他都会叫上一群文人聚会。就是在这个宅院里，梅兰芳向齐白石学习画画。

梅兰芳对齐如山多次提起想向齐白石老先生讨教画画的想法。齐如山直接去找齐白石。当时，齐白石在北京刚买下房子，他很欣慰在北京有一个喜欢他作品的艺术家。

过了几天，梅兰芳早起，刚练完嗓子，齐如山就与齐白石老先生到他家做客。梅兰芳十分高兴，带他

红星胡同

位于北京东城，东起金宝街，西至东单北大街，东西走向，胡同东端有拐折，南北走向。

胡同原本称为无量大人胡同，因胡同内有一座无量庵而得名。后改称红星胡同。但现在胡同中段因为修建金宝街而被堵住，只剩了东部的一小段，主体已不存在。

著名京剧艺术家梅兰芳曾在胡同9号院内居住，院子现已被拆除。

西四北三条

位于北京西城，东接西四北大街，南至赵登禹路。全长 527 米。

明朝称箔子胡同，清代称报子胡同。后改作西四北三条。

西四北三条 39 号是程砚秋故居，从 1937 年起一直到逝世，是他居住最长时间的一处地方。

到书房参观各种书画。

缀玉轩内放着许多吴昌硕为梅兰芳指点过的画作，几人话题聊开后，梅兰芳请齐白石现场画一幅草虫图，他热情地替齐白石磨墨，将宣纸铺开。齐白石对着宣纸沉思了一下，从笔筒里挑出两支画笔，蘸上墨。

梅兰芳被齐白石的画深深吸引。他希望齐白石能收自己为徒，教他作画。齐白石看了一下梅兰芳笑着说，咱们可以互相交流，我教你作画，你教我唱戏，这样不是更好。就这样，齐白石成为梅兰芳的画作老师。

1922 年，梅兰芳带着自己的演出团队承华社，前往香港太平剧院进行他们的第一次南下演出。梅兰芳团队到达香港，港口处围满了小船，都是来接他们的当地市民。为了确保安全，香港政府为他们配备了随行的警察，不管是上下车，还是在剧场后台，他们都派人时刻守在梅兰芳身边。

1930年梅兰芳第一次在美国纽约百老汇演出。百老汇剧场门前满挂了中国的红色宫灯，剧场内身穿华服的招待员，把百老汇装扮成一片中国风景。从整体的剧场环境，到梅兰芳的京剧，所有人都被中国文化吸引了。

梅兰芳在美国历时半年，七十二场演出，场场爆满，被国外媒体大肆宣传。回国后，梅兰芳也是身价翻倍，直接奠定了他"四大名旦"之一的地位。

美国影星道格拉斯·范朋克一行，在纪录片《八十分钟遨游世界》中，留有一段梅兰芳的客串。

在杜月笙的杜氏祠堂建成仪式上，梅兰芳、程砚秋、荀慧生和尚小云四人合作演出了一曲《四五花洞》。长城唱片公司老板张啸林将这一历史时刻用唱片记录了下来。唱片一经发售，被人们誉为"四大名旦"合作的精品广为流传。

从此，"四大名旦"的称谓深入人心，四人分别创立的梅派、程派、荀派、尚派，更是为京剧艺术吸引到一代又一代的演员和观众。

七七事变爆发。

梅兰芳为了躲避给日本军方唱戏，与家人一起逃离北平，定居香港干德道 8 号的一套公寓。他蓄起了胡须决心不再唱戏，整日在家与画为伴，日本人知道他决定不再唱戏后，把他"请"到全是日本人的半岛饭店。梅兰芳没有屈服，日军看着他满脸的胡子，无奈地把他放了。

梅兰芳在日本人心中具有很高的地位，他在日本关东大地震发生后，在北京发起义演，把募捐到的一万多大洋，全部捐给了东京和横滨等重震区。

然而近十年的战争，让不再唱戏的梅兰芳没有了收入，在一大家子人的经济压力下，他每年还要给留在北京的戏剧团寄过去他们的生活费。他托人卖掉了北京无量大人胡同的缀玉轩，卖掉了自己收藏的一些书法作品和画作。

1945 年日本宣布无条件投降，战争结束。梅兰芳剃了胡须，重整身姿，出现在上海美琪大戏院的舞台上，他为新中国的艺术复兴献出了自己演出事业的"第二春"。

1949 年，梅兰芳与周信芳一起返回北京，前门火车站自发聚集了无数市民，敲锣打鼓，欢迎他回家。

从 1932 年离开，整整 18 年。

回到北京后的梅兰芳被安排住在护国寺甲 1 号。

梅兰芳居住的宅院在清朝时是庆王府的马厩，后经过修葺，翻新成住宅。梅兰芳在这里度过了他人生的最后十年。

六十七岁的梅兰芳在中国科学院给各位院士唱完一曲《穆桂英挂帅》，因为心绞痛送往北京阜外医院。这是他留在世间的最后一场演出。

8 月 8 日凌晨 5 时，梅兰芳在病房中突然逝世。在多位老艺人和社会各界的支持下，梅剧团得以熬过这突如其来的变故，梅兰芳的后辈们也从此慢慢地挑起了戏剧团的重担。

1961 年梅兰芳被安葬在万花山。在夫人福芝芳的带领下，将已逝去的夫人王明华的棺木起出，重新安置在梅兰芳棺木一侧，另一侧按福芝芳的要求也留下了一个寿穴。

"秋天，无论在什么地方的秋天，总是好的；可是啊，北国的秋，却特别地来得清，来得静，来得悲凉。"

08

"向院子一坐，你也能看得到很高很高的碧绿的天色，听得到青天下驯鸽的飞声。"

1896年12月7日，郁达夫出生在浙江富阳满州弄中，现在这里改名为达夫弄。

郁达夫出生时，家中经济困难，他从小体弱多病，还得了肠胃病，长期吃药，为家里增添了一笔额外的费用。郁达夫的父亲只是一个书生，没有挣钱的手艺，靠着每日的苦工养活这个家，郁达夫对父亲的印象并不深，在他还没开始记事，父亲就因过度劳累生病去世了，之后，一家人的生活更加艰难。

郁达夫进入富阳高等小学堂，成为新式洋学堂中的第一批学生。

1909年小学毕业，郁达夫到杭州继续求学，投考了杭州府中学堂。等待学校公布成绩期间，他和一起考试的同学四处游玩，花光了家里给他们准备的学费和生活费，几个人商量后决定去收费更低的嘉兴府中学堂，放弃杭州府中学堂。

顺利通过嘉兴府中学堂的考试，他们开始了中学阶段的学习。郁达夫是临时转入的学生，加上不爱与人交往，他把自己的时间和精力都花在读书上。学堂里的课程，英文是重点科目，国文占大部分的比例。桐城派的王老先生教授国文，他布置了几次作文，发现了郁达夫的写作才能。

郁达夫插班不到一个月，同学们给他起了"怪物"的绰号。在他们看来，郁达夫性格孤僻，不善交际，衣装朴素，他是不"洋气"的乡下人，做文章却有独特的风格。

郁达夫的同学大多都穿戴时尚、举止言谈娴雅，郁达夫想要逃离同学们的圈子，他表现出来的对人对事的厌恶感，与"怪物"之名正好相符。在同学们中间，绰号越传越广，郁达夫和他们之间，竖起的墙壁越来越厚。

郁达夫除了读书，偶尔出学校，也是用省下来的钱到学校附近的丰乐桥和梅花碑附近的旧书铺中，买些便宜有用的旧书。给他的写作带来真正启示的是在旧书铺中偶然淘到的《留青新集》里的《沧浪诗话》和《白香词谱》。

1914 年，郁达夫凭优异的考试成绩，得到了官费进入东京第一高等学校预科班的资格。他离开中国到日本名古屋读书。

郁达夫住在学校附近一个日本人开的公寓中，与老板的女儿恋爱了。国内的母亲知道后，让他回国与孙荃完婚。

1917 年郁达夫从日本回国，他对母亲一向是敬重的，为了不让母亲伤心，虽然不满意这门亲事，但最终还是与孙荃订了婚。

孙家与郁达夫家也算是门当户对，双方在媒婆的介绍下定下亲事。

孙荃在郁达夫出国留学后，她凭自己看的诗词书，和自己对文学的理解，给郁达夫写信，遇到问题向郁

前海北沿

位于北京西城，在银锭桥之东什刹海前海南岸，是一条依湖而成的街道。

郁达夫住过的前海北沿二号院，在北沿偏西的位置，紧临什刹海北岸。

达夫寻求答案，有时还抒发自己的情怀。频繁的书信来往，使郁达夫对她清丽的文笔产生了爱慕之情。两人便一直保持着书信来往。

1920年，"五四"新文化运动中，郁达夫回国与郭沫若、成仿吾等人成立创造社，开始文学创作。

回到富阳，郁达夫才与通了三年书信的孙荃举行婚礼。

婚礼没有邀请其他人，只在自家开了两桌，没有拜堂，孙荃在家人的陪伴下进了郁家。

郁达夫在上海的生活并不如意，他没有可以支撑生活支出的工作，创造社的老板也没了消息。

北京大学聘请郁达夫担任统计学讲师的电报，拯救了他的现状。郁达夫决定离开上海，去北平。郭沫若不支持郁达夫离开，觉得坚守还是有希望的。郁达夫坚持离开上海，孤身一人到北平。

刚到北平的郁达夫，借住在大哥郁曼陀在阜成门附近的家中。第二天他就带着在上海准备好的讲义，到北京大学讲课。

在鲁迅和弟弟周作人合住的八道湾胡同11号，周作人邀请郁达夫去吃饭。

郁达夫第一次见到鲁迅。"他的脸色很青，胡子是那时候已经有了；衣服穿得很单薄，而身材又矮小，所以看起来像是一个和他的年龄不大相称的样子。他的绍兴口音，比一般绍兴人所发的来得柔和，笑声非常之清脆，而笑时眼角上的几条小皱纹，却很是可爱。"

郁达夫在北京大学任教期间，沈从文从湖南到北京读大学，没有考上，在没钱生活后，沈从文给郁达夫写了封信请求帮助。

郁达夫收到沈从文信函的当天上午，他冒着大雪围了条围巾，便按信上的地址，在湖南会馆一间阴暗的屋子里，看见沈从文的屋里没有生火，和外面的温度没有区别。沈从文身上也没有像样的衣服，只能裹着棉被瑟瑟发抖。郁达夫将自己的围巾替他披上。又带沈从文在附近的餐馆点了一桌菜，临走前不断地鼓励他，把剩余的钱放在他的口袋里，让他不要放弃写作。

当天夜里，郁达夫回到家里心情复杂，他提笔写下了《给一个文学青年的公开状》。还托关系帮沈从文找了份工作，从此，郁达夫就成为青年学生的知己和代言人。

1924年，生孩子后的孙荃不能再与母亲一起住，

前海西街

位于北京西城，南起地安门西大街，西折至柳荫街，胡同西段为东西走向，与前海北沿相连的地方，向南拐折，成南北走向，全长601米。

前海西街原为前海西沿，后把前海西南一部填平，西沿向东移，故湖边道路称前海西河沿，这一段改名为前海西街。

在前海西街南北段上，18号为郭沫若故居。这里原本是恭王府的马厩，后重新修建，1963后年郭沫若一直生活在这里，直至1978年病逝。

她带着长子龙儿到北平找郁达夫，郁达夫在什刹海前海北沿11号租了一个小院子。

什刹海位于北京东城，由前海、后海和西海三块水面组成，从后海过了银锭桥，东南边就是前海。

郁达夫在他的作品《一个人在途上》写道：

"院里有两棵枣树，一架葡萄。三叔搬走以后，我只有礼拜天要求父亲带我去三叔家。夏天我们和他们全家常常穿过门前柳荫去什刹海，当年那儿是个游乐场，有多种北京传统的吃食：撒白糖的莲藕、荷叶粥、冰冻的柿子烙、凉粉，还有各种江湖艺人在那里卖艺。晚上常常是在三叔家吃过晚饭，搬出凳子在葡萄架下喝茶，父亲和三叔谈诗论画，我哄着龙儿弟弟捉萤火虫。"

前海北沿 11 号的院子是郁达夫在北平的第一个房子，有了妻子和孩子，这里才算是一个真正意义上的家。

前海北沿位于什刹海的银锭桥东边的前海南岸，是一条依湖而成的街道。

在这个葡萄架下郁达夫创作迅速发展，《一封信》《北国的微音》《十一月初三》等文章的发表，给他带来了更大的名声。

1925 年 2 月，郁达夫离开北平，来到华中重镇武汉，担任武昌师范大学文科教授。南下的他再次和郭沫若等人开始筹划创造社的工作，由于不规律的生活加上他原本就有轻微的抑郁症，他开始吐血，在医院查出肺病。

郁达夫收到妻子的来信，龙儿病重。6 月 19 日傍晚，郁达夫回到什刹海的住宅，家里没有人，只有一张白纸条。他急忙赶到哥哥郁曼陀家。

"龙儿患脑膜炎死去，已经埋葬 4 天多了。"

龙儿的离世对郁达夫造成了很大的打击，几个月后，他再次离开北京，再也没有回去过。郁达夫在北京定居的日子仅短短的几年。

"现在去北京远了，去龙儿更远了，自家只一个人，只是孤零丁的一个人，在这里继续此生中大约是完不了的飘泊。"

郁达夫先后在广州、上海生活。在上海遇到了王映霞，两人在周围朋友、亲人都不支持的情况下，依然选择了结婚。但郁达夫和孙荃的婚姻也并没有解除，最终王映霞离开中国，签下离婚协议，这段长达12年的夫妻关系才宣告结束。

1945年在苏门答腊躲避战乱的郁达夫，得到日本投降的消息，郁达夫和朋友们积极组织着，大家一起返回祖国，他思念的故都北平。

郁达夫的遗骸至今也没有找到，甚至他在苏门答腊化名赵廉的任何信息，也像风一样地消失在远方，至于死亡的真正原因，也没办法得到证实。

最多的传言是：九月十七日，郁达夫被人骗到偏僻的丹戎草岱荒野中，被日军秘密杀害，同时被害的还有数名欧洲人，却没有找到他的遗骸。

"我的心呵！你昨天告诉我，你世界是欢乐的；今天又告诉我，世界是失望的；明天的言语，又是什么？教我如何相信你。"

09

"少年的梦想是风的梦想，青春的思念是长长的思念。"

　　我沿张自忠路过和敬公主府，看到了中剪子巷胡同的牌子。

　　中剪子巷很安静，和张自忠路来往的车辆相比是另一种宁静。

　　中剪子巷是北京东城铁狮子胡同里的一个小胡同。中剪子胡同连接着张自忠路和府学胡同。张自忠路由西向东，过了孙中山先生行馆就到了。中剪子巷很短，只有200多米，清宣统时期将原本的剪子巷一分为三，分称南、北、中剪子巷。原本的剪子巷14号变成了现在的中剪子巷33号，也就是冰心故居。

　　中剪子巷33号要从中剪子巷靠近南口的一个小

巷子里进去才能找到，很容易走过头，按照门牌号，33号过了，回头再找就可以看到一个小巷子，进去，迎面看到的就是冰心的父亲打造的儿童乐园的空地。现在，红色铁栅栏把空地围了起来，空地并不宽，旁边还有一棵沿着院墙根长出来的大树。

"她们以前就住这个北屋，没有特意修故居，现在都是别人家住在里面。"

现在，这里也只是一个普通的住宅院，门口挂上了块"冰心故居"的牌子。生活在这个院子里的老人，把我带到了院子最里面的屋子前，屋子已经不再是以前的木质结构，而是水泥墙和大玻璃窗户。

"这都是后来修的，老房子早没了。具体位置就这一间，在这个院子里也算大。"

33号院居住着好几户人家，其他的房子只占据小小的一块，北屋的房子占据了四合院的一方，拥挤的过道上仿佛还能看到当年冰心一家人在这里的情景，她们和邻居侧身相让，互相寒暄。

一切，现在也只能凭想象和冰心作品中的文字，来感受她曾经玩耍成长的画面了。

中剪子巷见证了冰心从中学到大学十年的生活，著名的《繁星》《春水》也是在这个院子里写下的。

张自忠路 5 号是欧阳予倩的故居，在中剪子巷东边。欧阳予倩是中国戏剧的奠基人。这座中西合璧的房子里还住过曹禺、光未然等大艺术家。

院子里现在依旧住着很多人，红色拱门里，在几棵大树下，中国传统的红砖房和西方古典主义的梁柱融合在一起。

中式一层的小屋在院子四周，西式两层的小楼在院子正中央，比其他建筑都高上一层，每扇窗户都是一样的形状，墙上还留有复杂的各种植物的雕花，与屋檐连接的地方还有雕工较为精细的柱头，从屋顶的雕花和房檐的结构依稀还可以看到过去的岁月。

"愿你生命中有够多的云翳，来造成一个美丽的黄昏。"

1900 年 10 月 5 日，冰心出生于福建福州的一个海军军官家庭中，父亲是当时中国海军最大战舰的副舰长。

出生时，算命先生说她八字里缺火，二伯父谢葆璃便按照谢家女孩子们的排行，给她取名为谢婉莹。

1903 年，父亲谢葆璋调到山东烟台，担任烟台海军训练营的营长，同时负责筹办烟台水师学堂。冰心全家因此都一起从福州搬到烟台，在海边度过了她八年的童年生活，享受和聆听大海的声音。

从中国古典文学到国外现实主义文学，从小爱看书的冰心深深地被这些作品所吸引，开始偷偷地写小说。《落草山英雄传》是她的第一部小说，但只写到第三回就停了。

不久，父亲谢葆璋被北洋政府海军部召回。冰心一家人再次搬家，迁居北平，住在铁狮子胡同中的剪子巷14号。

13岁的冰心对北平的第一印象就是高高的城墙，和温润的南方城市福州不一样。北平的天是灰蒙蒙的，空气是干燥的，与靠近渤海的烟台也不一样，北平漫天的沙尘和黄土铺满的大路，街上忙碌的行人、四处奔走的人力车夫都是冰心从没有感受过的。

在剪子巷14号这个普通的院子里，父亲在院门外的方形空地上，挂上了壁影、电灯，为了让孩子们有一个玩耍的地方，又装了一架秋千，这片院子外的

中剪子巷

位于北京东城，南北连接着张自忠路和府学胡同，与交道口南大街和东四北大街平行。中剪子巷明代被称为剪子巷。是现在南、北、中剪子巷的统称，后被一分为三。中剪子巷位于和敬公主府和孙中山先生行馆中间，旧时的门牌为中剪子巷33号为冰心故居，中剪子巷14号。冰心1913年随全家从福州迁居北京，在这个院子里住了整整10年。

小空地，便成了冰心和附近孩子们的儿童乐园。

初到北平，冰心大部分时间只能和母亲待在家里，很少有机会出门。她就帮母亲梳头，帮母亲做各种小的家务，还给弟弟们讲故事书，这也使得她和母亲、弟弟的感情尤为深厚。

冰心的母亲还订阅了不少的杂志，冰心也成为这些杂志的热心小读者，从杂志中启蒙，她热爱杂志里的那些故事和文字，而这也诱导了她渴望看到更多的文学作品。

冰心以优异的成绩考入贝满女子中学，这是北平最早的女子中学。1918 年她再次以全班最高分和全校

第一名的成绩从学校毕业，升入华北协和女子大学预科班学医。她每次想到母亲的体弱多病，就一心想成为救死扶伤的医生，为母亲治病。

在协和女大，冰心迎来了震撼中国的五四运动。

1919 年 5 月，北京的大学生们在天安门前游行示威，女子大学和女校联合成立女学界联合会，冰心一直都参与其中。在游行活动期间，冰心还撰写了各种报道学生运动的文章。游行的学生们，打着白旗，不断地喊着口号，大家都激情昂扬。她觉得这样的"国耻"应该让更多的国人知道，她很想把自己的文章发表出去，让所有人都知道。她把文章拿给在《晨报》做编辑的表哥刘放园，表哥认为她的文章很有新意，《晨报》第二天就发表了。

《二十一日听审的感想》是冰心最早发表的文章，她将她在法庭全程看到的，听到的，所引起的强烈感受，用文字的形式表达出来，让人们与她一起感受这一以段祺瑞为首的北洋军阀政府镇压学生运动、收买学生、造成无辜爱国学生被捕的事件。

她的写作形式和表达的方法，让读者眼前一亮，仿佛自己就在法院里听审一样，这大胆的写作手法在社会上引起了很大的影响。冰心的名字开始被人所知，

张自忠路

原名铁狮子胡同，1946年为了纪念抗日将领张自忠将军，将铁狮子胡同命名为张自忠路。

位于北京东城，东起东四十条，西至地安门东大街，现作为中剪子巷和南剪子巷的分割线，全长708米。地铁五号线张自忠路站就位于张自忠路的东口。

张自忠路3号原为恭亲王府，后成为段祺瑞执政府旧址，现在为中国人民大学的文献资料中心。

张自忠路5号为表演艺术家、剧作家欧阳予倩的故居。欧阳予倩从香港回国后，在这里居住到1962年，直至去世。欧阳予倩的故居也是当时郭沫若、田汉、曹禺、老舍等文化界名人经常聚会的地方。

张自忠路23号，原为民国时期外交总长顾维钧宅。1925年孙中山先生在此逝世，现门口悬挂"孙中山先生逝世纪念室"匾，作为孙中山先生行馆。

她也开始接触社会、了解社会，开始探索社会里的各种其他现象，再用文字记录、发表。

很快，她的作品再一次在《晨报》上发表，这是她的第一篇小说《两个家庭》，也是她第一次以"冰心"为笔名发表文章。

"冰心"这个名字的由来，她曾在《我的文学生活》这篇文章中写道："用冰心为笔名，一来是因为冰心两字，笔画简单好记些，而且是莹字的含义。二来是我太胆小，怕人笑话批评。冰心两字，是新的，人家看到的时候，不会想到这两字会和谢婉莹有什么关系。"

1920年年初，华北协和女子大学并入燕京大学。

冰心面临进入本科学习前的一次重要选择，她放弃了医学，选择文科学习。

受"五四"运动和新文化运动的影响，冰心放弃了成为一名医生救死扶伤的理想。她开始尝试各种写作方式，受新文化影响，她写出了《影响》《天籁》《秋》三首白话文的新诗歌。

《秋》

阴沉沉的树荫，

一角的天；

红的是玫瑰，

绿的是芭蕉。

卷起帘来，

总是这一幅图画，

好虽好，

未免也有些儿烦腻了。

⋯⋯

一齐打起精神来，

跟着他走！

不要只⋯⋯

冰心渐渐地有了一定的名气，大学毕业后，冰心选择了用得到的奖学金，出国留学，她很迫切地想看到另外一个不一样的国度，去接受更新的文化。

冰心离开了中剪子巷。在这个院子里，她与父亲、母亲、弟弟一起生活了整整 10 年。从中学到大学，从谢婉莹到冰心，从《二十一日听审的感想》到她的代表作《繁星》《春水》，这个院子，是她第一批作品的诞生地，也是她文学道路上的起点。

"童年呵！
是梦中的真，
是真中的梦，
是回忆时含泪的微笑。"

冰心的一生，四海为家，她曾在《我的家在哪里？》一文中写道："只有住着我的父母和弟弟们的中剪子巷才是我灵魂深处永久的家。"

在她心中，位于北京东城区的中剪子巷就是她的第二故乡，在那里她才能感受到浓浓的家的味道。

到了要出国的日子，冰心吐血的旧疾复发，医生确诊是支气管扩张。她不愿意因为自己的身体错过出国读书的机会，经过反复考虑，她决定先休养一段时间，等病情好转后，再出国。

病情稳定后，冰心坐上了前往美国的杰克逊号邮轮。

在这段旅途中，在杰克逊号邮轮上她认识了后来的丈夫吴文藻。

吴文藻出生于江苏江阴一个商人的家庭，父亲吴焕若在镇上开着一家小米店。父亲虽然读书不多，但他通达开明，主张读书育人。

吴文藻出生后，父亲便希望自己的儿子得到最好的教育，吴文藻五岁便被父亲送到私塾读书，以优异的成绩进入了高中，老师建议他去报考北平的清华学堂。

被录取后，吴文藻更加刻苦地学习。他深得老师和朋友们的信赖，在五四运动的狂热浪潮中，他也参与其中，还积极地写了许多爱国反帝的宣传作品。毕业后，他选择了出国攻读社会学，这样，就有了他和冰心的初见。

邮轮上的吴文藻高高瘦瘦，鼻梁上架着一副玳瑁边眼镜，不爱与人说话，经常一个人坐在甲板上看书。

冰心生性爱热闹，很快就和其他学校的同学玩开了。她们邀请吴文藻一起玩游戏，巧合的是吴文藻和冰心总能被分在一起，不自觉中他们渐渐熟络起来。

吴文藻知道冰心是学文学的，便问她，是否读过拜伦和雪莱的作品。

冰心坦然回答，说还没有读过。

吴文藻又说："你是学文学的，这次出去，要多读些书，如果不趁在国外的时间多看一些课外的书，那么这次到美国就算是白来了！"

冰心听了吴文藻这席话，被深深地点醒。她的名声在学校和朋友间是极大的，所以大家对她也很认同，以至于让她都快忘记自己还有许多东西需要学习，还有很多专业性的书籍需要去学习。像吴文藻这样不和她说恭维话，反而对大自己一岁的她直接指出问题，她被这个陌生人吸引。

同学们互相交换地址，冰心偷偷地记下了吴文藻在美国的学校和联系方式。

1923 年 9 月 17 日，冰心在韦尔斯利女子学院研究院开始学习。在她渐渐适应了国外的学校生活后，她支气管扩张出血的旧病突然又复发了，她被送进圣卜生疗养院，经过半个月的治疗和休息，病情基本稳定，但医生仍然坚持她需要在安静的环境里休养，不适合校园生活。

于是，她被转到了青山的沙穰疗养院。

在这寂静的山中疗养院，她度过了在异国的第一个圣诞节和新年，一个人迎接1924年春天的到来。在疗养院期间，吴文藻和在波士顿的同学们，还有国内送自己出国留学的燕大校长司徒雷登都去看望过她，这让在病中休养的冰心更加坚定了想要加快养好身体，早日回到学校继续学习的信念。

度过了较长的休养时间，康复后的冰心，终于返回韦尔斯利女子学院，继续学习。

除了与吴文藻两年的书信联系，冰心在考硕士学位的过程中需要学习第二外语，她去了吴文藻补习法语的康奈尔大学一起补习法语。

冰心回忆说：

"我们几乎每天课后都在一起游山玩水，每晚从图书馆出来，还坐在石阶上闲谈。夜凉如水，头上不是明月，就是繁星。到那时为止，我们的信函往来，已有了两年的历史了，彼此都有了较深的了解，于是有一天在湖上划船的时候，他吐露了愿和我终生相处。

经过了一夜的思索，第二天我告诉他，我自己没有意见，但是最后的决定还在于我的父母，虽然我知道只要我没有意见，我的父母是不会有意见的！"

他们两人就此确定了恋爱关系。

1926 年 7 月，冰心从美国韦尔斯利女子学院研究院获得硕士学位，结束了在美国三年的留学生活，而吴文藻留在哥伦比亚大学继续攻读博士学位。

留学期间，冰心的《寄小读者》系列在国内发表，受到小朋友和大朋友们的喜爱。她在旅途中将美国各地所见所闻写成散文，成为中国白话文时期最早的儿童文学作品。

回到中国，冰心第一时间到上海看望了父母。她趁父母睡着后，偷偷地将吴文藻给她的求婚信放在他们的床头，挑明了她和吴文藻之间的感情。

母亲杨福慈满心欢喜，父亲谢葆璋也十分赞许，两人都相信女儿的眼光，透过吴文藻的文字，他们也能感受到吴文藻的真心，两人心中唯一惦记的事情终于放下了。

冰心回国后，校长司徒雷登再次希望冰心到燕大担任教授。冰心很感激司徒雷登给她留学的机会和对她的帮助。她回到了燕大，担任国文系的老师，开始了她的授课生涯。

司徒雷登特意为她提供了燕南园 53 号的教师小楼，吴文藻回来前，冰心都是一个人住在这小楼里。

吴文藻取得了美国哥伦比亚大学博士学位，立即整理行装，在圣诞节前离开了美国，回到北平。

冰心和吴文藻两人搬家到燕大的燕南园 66 号的二层小洋楼里。

燕南园位于燕园南部，有着燕园"园中之园"的誉称，是燕大为教授们修建的住宅区，被燕南美食街、北大校医院、第二体育馆、邮局、银行等包围着，占地面积近 2 万平方米，满足了教职员工们日常所需的一切。

1952 年，燕南园随燕大一起并入了北京大学，成为北京大学的一角。

搬进新家前，吴文藻同冰心一起去上海拜见了岳父母。

这期间，冰心在北平请到富奶奶，将燕大分配给她和吴文藻的 66 号小楼简单地收拾布置为一个两人的温馨小家。富奶奶是冰心在燕大校疗养所认识的，照顾冰心时，富奶奶便主动地问她："谢先生，您结婚后用人吗？我愿意帮忙。"

冰心极快地答应了。之后，富奶奶就住进了燕南园，负责冰心夫妇的日常饮食起居。

两人回到北平后，吴文藻也接受了燕大的邀请，同时也在自己的母校清华大学兼授几门课程。两人用课余时间边装修、边布置这栋新房，准备着两人的婚礼。

燕南园的建筑风格是美国式庭院，独立的小楼，家家门前屋后有一个宽敞的小院，花草繁茂。从燕南园西北的上坡进入园中，冰心家的66号小楼，位于这燕南一隅，格外幽静。

冰心把院子里种满了花，而吴文藻除了做学问，对生活没有其他的追求。他请来木匠，在书房用木板做了一个顶天立地的大书架，除了添置几个半新的书橱、卡片柜和书桌后，家中的一切事务便全交由冰心打理。

东四八条

位于东城，东起朝阳门北小街，西至东四北大街，因胡同在东四北大街路东的胡同中，由南向北排在第八条而得名。东四位于五号线张自忠路地铁站和东四地铁站之间，东四八条则位于五号线和二号线之间，东四八条，在明朝时称为正觉寺胡同，因胡同原建有正觉寺而得名的。

胡同内71号院，为教育家叶圣陶故居。

冰心喜欢称呼吴文藻为"书呆子"。

院子里丁香花开时，冰心喊吴文藻出来，"书呆子"吴文藻站在丁香树前，魂儿却还在书房里，应酬似的问："这是什么花？"

冰心有意捉弄他，笑答"香丁"。

吴文藻点了点头说："嗯，香丁。"

1929年6月15日，冰心和吴文藻在燕大校园里的临湖轩举办了极其简单的婚礼。校长司徒雷登作为他们的主婚人，其余就只请了双方的父母和几个好朋友。婚礼当天，吴文藻穿着一身西装，系一条斜纹领带。冰心则穿一件洁白的礼服，头上戴着花冠，手捧鲜花。他们在亲朋好友的见证下正式结为夫妻。

婚礼没有大摆筵席，冰心回忆当天：

"那天待客的蛋糕、咖啡和茶点，我记得只用去了34元。"

婚礼结束后，冰心和吴文藻两人利用小假期偷偷到西山大觉寺里住了两天，两人都很享受寺庙里清幽的环境。

冰心利用授课之余，相继出版了《分》《南归》《冬儿姑娘》等文章，还翻译了作家纪伯伦的《先知》。

五四运动之后，丁玲和冰心成为女作家中两股新潮流的领头羊。在北京生活的冰心一直没有与活跃在上海的丁玲见面的机会。

1928年冰心到上海休假，弟弟谢为楫把沈从文、丁玲和胡也频都接到上海徐家汇路268号的家中，丁玲和冰心终于见上了面。

1936年6月7日，中国文艺家协会宣告成立，并发表宣言。冰心在宣言上签名，先后代表中国文学家访问日本、美国、英国、意大利、法国、德国、苏联等国家，参加各种文学交流活动。1937年6月29日，冰心和吴文藻结束了欧洲之旅，经西伯利亚，从山海关回到北平。

迎接他们的却是战争的开始——卢沟桥事变。

大部分的文人都开始逃离北平，但冰心正怀着他们的第三个孩子，难以长途跋涉，两人决定暂时留下来。

1938年夏天，吴文藻争取到在云南大学开办讲座的机会，他们先乘火车到天津，再由天津坐船到上海，到香港，两人到达香港后，在三弟家进行短暂的休息，之后到达了云南。

战争期间两人四处漂泊，没有固定居所，直到1945年抗日战争胜利，第二次世界大战结束了，他们才终于回到时刻想念的北京。

回到北京，冰心做的第一件事情就是去了燕京大学。这里是她从青年时期读书开始，到留学归来之后教书工作，与吴文藻结婚共同组建家庭的地方。但战后的北京，处处都是萧条，燕大和燕南园都还在，但承载她记忆的燕大和他们共同记忆的66号小楼已面目全非，不再是记忆中的样子。

燕南园的院子里，冰心亲手种下的丁香、紫藤等花都没有了。屋内吴文藻临走前藏在阁楼上的笔记和教材也全都不见了。后来，从没有离开过的朋友口中才知道，燕大被日本人攻下，大肆掠夺。而燕南园也被占领，吴文藻的书房甚至沦为了日本人拷问教授们的审讯室。

冰心在北京的家没有了，而上海的父母家也回不去了。父亲谢葆璋在他们四处躲避战争时逝世。大弟谢为涵给他们寄去的家信里还附上了父亲灵堂的照片。

灵堂上的花圈挽联写着："五十年藁范曾亲老见沧桑别有伤心羁燕市，八千里噩音至生前论功业不堪回首话楼船。"还另外请人替吴文藻也写了挽联："分为半子，情等家人，远道那堪闻噩耗；本是生离，竟成死别，深闺何以慰哀思。"冰心在失去母亲后又失去了父亲。

1946 年 11 月 13 日，冰心带儿子宗黎搭乘飞机去往东京，与正在参与战后考察的吴文藻会合。而冰心到日本的消息被大众知道，她作为战后第一位到日本的中国作家，受到了日本社会各界极大的关注。

1949 年，冰心夫妇收到一封意义重大的信件，信是老舍从国内给他们寄去的，信上只写了一件事，就是希望他们能够尽快回国，国内发生了翻天覆地的变化——中华人民共和国成立了。

回乡之心迫切的冰心和吴文藻在准备动身回国时，却被自己持有的台湾省护照困住。吴文藻收到了耶鲁大学聘请他为教授的邀请信函。两人达成一致，先答应耶鲁大学，到达香港后再将聘书和随信邮寄的路费退回，并说明自己的处境，对他们提供的帮助表示感谢，以有要事为借口，从香港下了前往英国的轮船。

轮船离开维多利亚港，冰心内心一阵激动，她终于要回到那个和平安定的家了。在周密的安排下，冰心一家到达广州没做停留，直接启程北上，在天津的一家招待所中短暂地住了几天，最后，平安到达北京。

冰心在北京的新家位于崇文门内洋溢胡同的一个四合院。

洋溢胡同位于北京东城区。西起崇文门内大街，位于原北京站街附近。胡同最早被称为扬州胡同，后改名为羊肉胡同，洋溢胡同就是由"羊肉胡同"谐音变过来的。

再次回到自己熟悉的北京，虽然没有了战后的荒凉，但这里已经不是冰心最初印象中的那个模样了。由于他们一家是悄悄回的国，不方便公开身份，夫妻二人也只能趁大家上班的时间，才能小心地外出游览、看演出。

有一次，冰心和吴文藻在颐和园，远远地看见梁漱溟，两人也不敢上前打招呼，只能匆匆戴上口罩躲开了。

也是这一不能随意外出的原因，使得夫妻二人有了大把自由的时间，埋头读书，用大量的文艺理论和苏联的作品武装了自己的思想，弥补战乱期间缺失的学习时间。

1966 年"文化大革命"初期，冰心和吴文藻也没躲过抄家、批斗等。冰心被关"牛棚"，在烈日下接受批斗，被下放湖北咸宁的五七干校接受劳动改造。直到 1971 年美国总统尼克松访华，冰心和吴文藻接到翻译任务才被允许回京。

回到北京后，冰心夫妇住在中央民族学院和平楼的一个小单元房里。虽然已经年近七十，但冰心仍然坚持每天写作，还发表了大量文学作品。

1980 年 6 月，冰心患脑血栓，大女儿吴青一家人搬来与她同住，方便照顾老人。冰心把卧室让给女儿，她和吴文藻住在一间只能放下一张床和一张书桌的九平方米大的房间里，她和吴文藻有时一人一半地坐在书桌前写文章，有时两个人并排地坐着看书。

在此期间冰心还连续发表了短篇小说《空巢》《万般皆上品……》等佳作，连续创作了《想到就写》《我的自传》《关于男人》《伏枥杂记》四个系列。作品数量多、内容丰富、创作风格独特，使得她的文学成就达到了一个新的境界，出现了一个壮丽的晚年景观。

走穿许多黄土铺地的大街小巷，街上许多行人，男女老幼，都是"慢条斯理"地互相作揖、请安、问好，一站就站老半天。这辆洋车没有跑，车夫只是慢腾腾地走呵走呵，似乎走遍了北京城，我看他褂子背后都让汗水湿透了，也还没有走到中剪子巷！这时我忽然醒了，睁开眼，看到墙上挂着的文藻的相片。

我迷惑地问我自己："这是谁呀？中剪子巷里没有他！"连文藻都不认识了，更不用说睡在我对床的陈大姐和以后进屋里来的女儿和外孙了！只有住着我的父母和弟弟们的中剪子巷才是我灵魂深处永久的家。

连北京的前圆恩寺，在梦中我也没有去找过，更不用说美国的娜安辟迦楼，北京的燕南园，云南的默庐，四川的潜庐，日本东京麻市区，以及伦敦、巴黎、柏林、开罗、莫斯科。一切我住过的地方，偶然也会在我梦中出现，但都不是我的"家"！

——《我的家在哪里？》

冰心晚年还收养了一只叫作"咪咪"的小猫，她经常一个人待在家里，就只有咪咪的陪伴。咪咪是一只活跃好客的猫，有客人来拜访，它就会跳到桌上守在冰心身边，冰心晚年和友人在家中拍的很多合照中都会有它的身影。这让冰心的生活多了许多乐趣，不再是一个人独自看书，她也曾多次把咪咪写进文章里。

1985 年 9 月 24 日，吴文藻病逝。

年近九旬的冰心，还发表了《我请求》《我感谢》《给一个读者的信》等作品。

1999 年 2 月，冰心逝世，享年 99 岁。

"无事此静坐，
一日当两日。"

10

"家人闲坐，灯火可亲。"

胡同是北京特有的。胡同的繁体字是"衚衕"。为什么叫作"胡同"？说法不一。多数学者以为是蒙古话，意思是水井。我在呼和浩特听一位同志说，胡同即蒙语的"忽洞"，指两边高中间低的狭长地形。呼市对面的武川县有地名乌兰忽洞。这是蒙古话，大概可以肯定。那么这是元大都以后才有的。元朝以前，汴梁、临安都没有。

——汪曾祺

汪曾祺在 1920 年元宵节傍晚出生在江苏高邮一

个地主家庭。生母杨氏患上肺病，独自一人生活在后院，不久后病逝。

生母死后没多久，父亲娶第二任妻子张氏时，汪家已经有了三个小孩子。都说继母不好当，不管做什么都会被人说闲话，但张氏嫁进来后，一直秉着"张家长，李家短，别人的事情我不管"的原则照顾着一大家人。

汪曾祺升入县立第五小学读书，他可以背诵很多古文，让他对语文课的兴趣越来越浓，成绩也一直保持在全班第一名，作文经常在课堂上被朗读。但他的数学和英文却只能勉强及格。

多年以后，汪曾祺最大的遗憾就是没有把英文学好。

小学六年级开设了英文课，但汪曾祺除了记住一些简单的单词外，其他什么都没记住。教英文的老师都很好，但在教到他的时候，总是出现一些变故。

高中，他在江阴，教英文的先生是南菁中学的吴锦棠，吴锦棠圣约翰大学毕业，英文很好。汪曾祺上学没多久，吴先生的夫人意外死了，他的神经受到了刺激，脑子也有点糊涂了。他上课的时候不讲课，专给学生们讲一些奇怪的故事。考试，他给所有班级出的题目都是一样的，学生们知道了就直接找上一个班的同学要来答案。吴先生给学生判卷也不管学生的题目有没有答对，只要能写下来，他就给分，到毕业，汪曾祺也没有学到什么。

抗日战争爆发，读高中二年级的汪曾祺和父亲一起躲避战乱，离开南菁中学。先后借读于淮安中学、私立扬州中学还有盐城临时中学，才勉强念完了中学。

避难期间，父亲带着汪曾祺住在远离高邮城一个村庄的小庵里，每天都不能外出，汪曾祺就反复地读两本书，屠格涅夫的《猎人笔记》和一本盗版的《沈从文小说选集》。

1939年，汪曾祺决定远离家乡，到革命大后方云南昆明上大学。

他从上海到香港，再从越南进入云南。到昆明报考了两所一直向往的学校，闻一多、朱自清和沈从文等许多文化名人都在的西南联大文学系，另一个是从北京搬到昆明的国立艺专。

最终，他以第一志愿考入西南联大文学系。他成功地成为朱自清、闻一多、沈从文的学生。他选修了沈从文开设在二年级的三门课程，一门是必修、两门课是选修。

汪曾祺在西南联大的成绩并不理想，他经常在上课期间看其他的书。在教西洋通史的文学必修课上，教授要求学生做笔记，下课要交自己画的历史地图。汪曾祺交了一张自己画的马其顿王国的地图，教授在他的地图上批了两行字："阁下所绘地图美术价值甚高，科学价值全无。"西洋通史的教授给汪曾祺打了三十七分。

汪曾祺严重偏科，有兴趣的课就按时去，认真完成作业，听不下去的就逃课，不能逃课就在下面偷偷看其他书。

他最喜欢的是沈从文的写作课，沈从文也很喜欢他，在一次满分为一百分的测试中，沈从文给汪曾祺打出来一百二十分的成绩。

沈从文讲课没有教案，他把其余人讲的道理，用自己的话直白地告诉学生。但他说话带有浓厚的湘西口音，声音也很低，有些学生听了一堂课，往往不知道听了些什么。听沈从文的课，真正能学到的是实践。沈从文不赞成命题作文，他提倡学生们想写什么就写什么。他在学生们交上来的作业后面写一段很长的读后感。

汪曾祺说："我要不是读了西南联大，也许不会成为一个作家，至少不会成为一个像现在这样的作家。"

在沈从文的创作课上，汪曾祺写下了他的第一篇小说《灯下》，经过沈从文多次的指导和修改，这篇小说标题改为《异秉》被发表出来。

1944 年是汪曾祺从西南联大毕业的时间，因为两门课程没及格，没能获得大学文凭。他在昆明北郊观音寺的中国建设中学当了老师，他一边挣钱一边等待联大的毕业证书，教书期间，汪曾祺认识了女教师施松卿，不久，两人建立了恋爱关系。

施松卿，福建长乐人，比汪曾祺大两岁。1939 年考入西南联大物理系，与汪曾祺是同一届的学生，物理系课业繁重，每日劳心作业的施松卿得了肺病，只能休学回家养病一年。1945 年夏天毕业后，和汪曾祺成为同事。一年后，两人结伴离开了昆明。

1947 年，施松卿收到北京大学好友的邀请，希望她去北京大学西语系做助教，汪曾祺也一同离开了上海，到北京。

汪曾祺一直没找到工作，他们借住在北京大学的宿舍里，最艰难的时刻，汪曾祺给沈从文写信，说自己时常都会产生一些自杀的念头。

沈从文看到信后，生气地回信："因为一时困难就想自杀，真是没出息。你手中有一支笔，怕什么！"

在沈从文的帮助下，汪曾祺在历史博物馆找到了一个办事员的职务。

"到北京，失业半年，后来到历史博物馆任职。陈列室在午门城楼上，展出的文物不多，游客寥寥无几。职员里住在馆里的只有我一个人。我住的那间据说原是锦衣卫值宿的屋子。为了防火，当时故宫范围内都不装电灯，我就到旧货摊上买了一盏白瓷罩子的古式煤油灯。晚上灯下读书，不知身在何世。"

1949年新中国成立。汪曾祺和施松卿也正式结婚。他们没有举行婚礼，只是简单地选了一个日子。五月的一天，两人一起沿着北京市中心从天安门北海公园，晚上又走到沈从文家里，告诉先生两人结婚的消息。

一次偶然的机会，在街上偶遇杨毓敏，他把汪曾祺带到工作单位北京市文联王松声的办公室里，汪曾祺当上了一名文学刊物编辑。

在北京市文联工作期间，汪曾祺最大的收获是增加了对北京文化的了解，他的文章风格也开始偏向京派，也认识了大量的京派作家。

文联主席老舍经常把他们约到丹柿小院一同赏花，每次家中聚会的餐桌上，每一道菜都是老舍和夫人胡絜青亲自搭配的，其中有两道菜让汪曾祺印象深刻，一道是老舍自创的芝麻酱炖黄花鱼，另一道是芥末墩，后一道菜虽然在其他地方也吃到过，但汪曾祺觉得都不如在老舍家中吃到的味道。

1950年到1955年，汪曾祺在文艺刊物《北京文艺》当编辑，《说说唱唱》《民间文学》等民间文学他也有参与。

"民间故事丰富的想象和农民式的幽默，民歌的比喻新鲜和韵律的精巧使我惊奇不置。但我对民间文学的感情被割断了。"

1958年汪曾祺被划为右派，撤销职务连降三级，被下放到农业科学研究所中劳动改造。汪曾祺离开北京时施松卿在单位进行军事训练，孩子们也都在学校上课，为了不让家人担心，汪曾祺只在书桌上给施松卿留下一张纸条："等我五年，等我改造好了回来。"

汪曾祺从民族研究会被撤职，一家人也不能再住在河泊厂寓所的宿舍，施松卿向新华社申请了宿舍，一家人搬到了宣武门附近的国会街五号。

国会街位于北京西城，民国前称为象来街。位于北京旧城区宣武门附近，据说以前是明清宫廷饲养大象的地方，一些东南亚国家经常带着大象来进贡，以示友好。

国会街五号是一个面积比较小的四合院，北房是座两层小楼，南房和东西厢房是平房，施松卿带着孩子住在进门只有七八平米的门房里。四合院的北房挡住了门房的阳光，施松卿一家就算是白天也要点着灯。屋子里没有多少东西，只有一张双人床和一个五斗柜。每当周末孩子们从学校回来，家里就没有了其他走动的地方，晚上睡觉也只能在床边再架上两块木板。

院子里种了几棵海棠树和杏树，海棠开花，满院子都笼罩在粉色的云朵里。国会街离厂甸也近，走路只需要十几分钟就到了。一家人经常去厂甸逛庙会，凑热闹。

汪曾祺下乡整整两年，因为是被冤枉的，所以，凭借《羊舍一夕》一文，在按照组织的要求提交了思想总结后，摘掉了右派的帽子，调到北京京剧团上班。

"我和农业工人（即是农民）一同劳动，吃一样的饭，晚上睡在一间大宿舍里，一铺大炕（枕头挨着枕头，虱子可以自由地从最东边一个人的被窝里爬到最西边的被窝里）。我比较切实地看到中国的农村和中国的农民是怎么回事。"

粉碎"四人帮"后，汪曾祺再次陷入了被审查的境地中。这次没有抄家，也不关禁闭，只需要在家中进行巡查。施松卿担心别有用心的人，就在检查的人来之前，把家里的东西全部都仔细地搜查了一遍，把一些比较敏感的东西全部提前扔掉。让她纠结的是找到了一套江青送给汪曾祺的《毛选》，扉页上还有江青的题字："赠汪曾祺同志，江青"。看着江青写的字，施松卿偷偷地把这套第1版第1次印刷的《毛选》扉页裁下来烧掉。

"那个时候，没有什么比命更重要啦。"

1979年59岁的汪曾祺发表小说《骑兵列传》，这是他在"文化大革命"后发表的第一篇小说，他重新开始了自己的文学创作，陆续发表了许多作品，获得了"全国优秀短篇小说奖"等各种奖项。

汪曾祺的小说、散文被翻译成多种语言，他也曾到美国爱荷华参加国际写作计划。他不会英语，随身都需要带一个翻译。最糟糕的是演讲，很多地方翻译得不准确，但他却完全没有办法。

看英文翻译的自己的作品，汪曾祺完全看不懂，对翻译者也提不出他的任何意见。

"我觉得不会外文（主要是英文）的作家最多只能算是半个作家。这对我说起来，是一个惨痛的、无可挽回的教训。我已经七十二岁，再从头学英文，来不及了。"

1994年，汪曾祺生病，在友谊医院进行常规项检查，戒掉了烟和酒，整个人瞬间没有了精神，施松卿白天上班，晚上在医院陪他，想办法给他带一些好玩的帮他打发没有烟酒的时间。

1995年年底，施松卿突然晕倒，紧急抢救过来的她被诊断出患有心脑血管病，需要住院。

施松卿住院后，汪曾祺出院，他每天一早就在附近的市场买菜，买一些可以滋补的东西，雇人炖上汤，趁热让人给施松卿送过去。

施松卿出院后，身体很虚弱，只能在床上躺着休养，她每次一叫"曾祺"，在书房的汪曾祺就会马上放下笔，快步走到卧房，问她是不是哪里不舒服，和她找一些轻松的话题，陪她聊天。

1997年5月，汪曾祺从四川参加笔会回到北京，感觉身体有点不舒服，也没告诉孩子们，休息了一个星期后，他又订了前往太湖笔会的机票。临出发前突然病情恶化，吐血不止，家里到处是血。家人叫了急救车，把他送到了友谊医院。

半年前的体检报告就显示汪曾祺已患有因肝硬化导致的食道静脉曲张，这次的静脉破裂了，在医生的抢救下，脱离了危险。

汪曾祺没有因大量出血而神志不清，但他脸色很苍白。他镇定地笑着对人说："真的不难受，就是有点困。"

林斤澜代表单位到友谊医院看望他，汪曾祺在他耳边悄声地说："用大夫的话说，我是差点'一脚险些迈过去'。"汪曾祺用平静的语气说出与死神斗争的话，让林斤澜听得呆住了。

一旁的施松卿听到后，也呆住了，大家以为汪曾祺并不清楚自己的病情，没想到，他比医生还清楚，但依旧表现得很轻松乐观的样子。

5月16日上午，汪曾祺对正要去上班的汪明说：

"老这么躺着也不是事，你下午把我的眼镜拿来，再带几本书。"汪明以为这是他身体好转的迹象，将消息带给母亲，让她带几本书到医院来。没想到的是，书和施松卿都还没到医院，汪曾祺就再次消化道大出血，送进急救室。

"汪老当时要坐起来，我问他是不是要解手，他还笑着说：'你可真行，我还没说，你就明白。'然后我就发现汪老不是解手，是下消化道出血。顶多过了两三分钟，大夫一测血压是零，心跳也没有了！"

10点30分，汪曾祺去世，终年77岁。

汪曾祺去世的消息震惊文坛，沈从文夫人张兆和说："我很难过……像这样'下笔如有神'的人已经不多了，这一辈人已是不多了。"

"一串一串闪着天真！
明珠大小逬出天
光亮,"逬出
真!"

11

"有人说，爱上一座城，是因为城中住着某个喜欢的人。其实不然，爱上一座城，也许是为城里的一道生动风景，为一段青梅往事，为一座熟悉老宅。"

我沿着雍和宫大街向南走，散步到东四北大街路东的第一个胡同，就是石雀胡同。胡同里游人很少，沿石雀胡同直直地往东。与街边的老人说几句话，老人们都很热情。

石雀胡同连着大菊胡同，与东直门内大街平行，这两条胡同虽然都位于雍和宫、东直门的繁华地带，胡同里却意外地宁静。一路上，许多高大粗壮的树从各家院墙里长出来，天气也格外好，天空格外蓝。胡同里，还有许多遗留下来的老房子，红色的院门，在树叶的衬托下，老北京的味道浓浓的。

大菊胡同东口附近，有一条比较小的胡同，如果我不是特意去找，就很容易从大菊胡同的东口出去，上了东直门南小街。

一个不太起眼的拐角，胡同也只有大菊胡同一半宽，这就是北沟沿胡同，梁启超的故居所在。

北沟沿胡同位于北京东城区，南北走向，北起大菊胡同，南至东四十四条，东边有两条支巷通小菊胡同，曾被称为学房胡同，后来改名为北沟沿胡同。据说明朝初期，从东直门北小街到现在的北京站附近有一条排水沟，水沟由北向南，在北京站附近汇入泡子河。学房胡同位于水沟北沿，故改名为北沟沿胡同。

梁启超故居位于北沟沿胡同23号，梁思成12岁随父亲到这里，没有到这里之前，我一次次地想象着梁思成是如何与父亲在一起生活的。要知道，少年梁思成就是在这个院子里和家人一起度过的，和林徽因成家前，梁思成一直住在这里。

我从北边进的北沟沿胡同，往南走，寻找23号，在快到南口的位置，门口并没有挂"梁启超故居"之类的牌子，只有一块"北京市东城区文物保护单位四合院"。我知道这附近肯定就是梁启超的故居。

院子红门半开着，门上斑驳，留下了时光重叠的痕迹，油漆掉了大半。影壁，虽然只能看到一半，但也能明显地辨认出"为人民服务"几个大字。门里门外都摆满了电动车和三轮车，院子里放满了日常生活的物品。

正当我徘徊着，想要寻找更多梁启超、梁思成当年的生活痕迹之时，看见23号正对面的一个小院门旁的墙里，镶嵌着一块古色古香的"梁啓超書斋""私宅勿扰北沟沿五十二号"的牌子。我有点恍惚，莫非这就是梁启超当年的房子？我拿着照相机在书斋门前拍照。一个骑着电动三轮车的老爷爷，在我面前停下来，认真甚至是带些严肃地问我："你看出什么毛病没？这牌子！"

北沟沿胡同

位于北京东城，北起大菊胡同，南至东四十四条，呈南北走向，全长307米，与东直门南小街平行，附近有地铁五号线北新桥和张自忠路。

北沟沿胡同明朝时称为学房胡同。胡同本来只是一条排水沟，由北向南流入泡子河，故后改名叫北沟沿胡同。

北沟沿胡同23号现在是梁启超故居所在地。

我被老人突然的提问，问得不知该怎么作答，一头雾水，我本能地再仔细看了看牌子，没有太理解透老人说的具体问题！

"这繁体字和简化字能写在一块吗？"老人又开口说话了，语气里带着火药味，我恍然大悟。这个"书斋"的牌子，在用了繁体字的同时，且写了简体字，应该是"梁啓超書齋。"

"所以这是个假的，这是个赝品，你别照了。"

老爷爷指着我身后的 23 号院说："这边才是当年梁启超的家，你说这么大的五套院子，怎么会在对面弄个书斋，算怎么回事。这东西一看就能看出毛病来。"

"之前据说是梁启超的一个什么亲戚，还是后裔，具体什么亲戚我们不知道，都是以讹传讹，说那亲戚买了这房子，装修好了，就刻了这块石匾，有很多人来抠过这块匾，但都没敲下来。你看，旁边有很多敲打的痕迹。"

谈话间，我知道老人就住在 23 号院子里，是原来大院的偏院，现在这些房子被完全地隔开，形成另一个独立的小杂院子。

"我就住他这个门，这也是梁启超故居的一部分。

虽然不是主人住的院子。"

"您现在回去吗？我想跟您一起进去看看。"

老爷爷看到我完全接受了他的观点，口气温和了很多，他说，当然可以，随便看。

我跟着老人的三轮车，从23号院左侧的小门进到了小院子里。

院门比较小，走廊也窄，老人一直生活在这里，他每天骑着电动车，熟门熟路，转弯、直行、经过一个小门槛，要是不熟悉地势，就很容易蹭到旁边突然多出来的一堵墙，或者被树枝划到。

院子一直往里，很深，经过了好几间小房子才到最里面。

"我现在住的房子，之前是梁启超的管家住的，旁边进门的最前面三间是马厩，然后是厕所，这是一个小厨房。我们这几户现在住的就是管家和伙计们住的地方，是梁启超八套院子里面的其中一套，后来他们家把这边的院子卖了，我们是从买这个院子的一个秀才手上买下来的。"

院子里四梁八柱的基本结构都还保持着，地面只有在进门的地方是水泥地，往里走就变成了砖块路。因为走廊很窄，隔壁院中又有一棵很高的树，这个小院子，平时只有一边可以照到阳光，照不到的地方则被用来放东西，窗户上也只是简单地装上了防盗网，上面都带上了厚重的锈斑。

另一侧是常用的房间，一些支撑和承重的地方都做了些额外的加固，窗户玻璃远高于地面，推出一个小阳台，几株小盆栽，墙也有很多被反复加建的痕迹，墙角堆积了杂乱的生活用品。

我是从北总布胡同南口进去的，往北边走不远，是与前赵家楼胡同交会的地方，五四运动被烧毁的赵家楼，现在成了一个纪念地。根据当年的资料，复建为现在的"五四运动火烧赵家楼遗址"和赵家楼饭店。

赵家楼饭店，高的白色拱门，粉色，三层小楼，拱门和窗框上雕有些类似于祥云的花纹。还留出了一大面墙，刻了一幅北京学生在举行抗议活动的画作。

过了前赵家楼胡同，我找了很久也没有找到12号，住附近的一个老奶奶主动问了我的来意。知道我是在寻找梁思成和林徽因住过的房子之后，她激动地对我说："早就拆了那地儿，没了。那之前的12号、24号那一片，就那个空茬儿就是。"

老人指着路东被围了起来的一大片空地。

"拆一半儿了，后来说是要重建，现在也没动静，我们也不知道。"

听了老人的话后，我靠近那片被围起来的空地，想拍一点照片，绕了一圈，没找到可以进去的地方，只能放弃。

林徽因和梁思成在北总布胡同住了7年，在这里，他们对中国建筑进行了很多研究，现在，他们的故居也没能留下，连曾经的门牌号都没留下。曾经住在他们附近的金岳霖的屋子也没能幸免，而北京众多作家聚集在一起、引得无数人向往的"太太的客厅"，我没有找到任何踪迹。也许是工地，把这些都遮挡了。

"一程山水，一个路人，一段故事，离去之时，谁也不必给谁交代。既是注定要分开，那么天涯的你我，各自安好，是否晴天，已不重要。"

梁思成出生于 1901 年的日本，刚出生的梁思成，两条腿向外撇，不能像正常孩子一样走路。在家人和医生的悉心照料下，得到了很大程度的恢复。

之后梁思成又有了四个弟弟和四个妹妹。梁思成与弟弟梁思永、妹妹梁思庄年龄接近，他经常和弟弟一起捉弄妹妹：在妹妹的饭盒里放条毛毛虫，马上跑开，躲起来，偷看妹妹被吓哭的样子。被父母知道后，两兄弟自然会一起挨训。但事后，他们小哥俩仍然会忍不住想些其他怪招来捉弄妹妹。

12 岁的梁思成随父亲梁启超回国，一家人先在天津意大利租界内的一栋西式洋房里暂时住了下来。不久，梁启超被任命为司法总长，全家也就搬到了北平，定居在北新桥附近的北沟沿胡同23号。

今天的"梁启超故居"，位于北沟沿胡同的23号，旧时的门牌是北沟沿13号。当时初到北平的梁启超，为了工作和接送孩子们上学都方便，选了靠近南长安街的这个地方。

1915年，梁思成和梁思永考入清华学堂，成为中国首批公派留美预科班的学员。清华求学期间，梁思成凭借对音乐和艺术的天赋，拥有了许多的荣誉，"最有才华的小美术家""首屈一指的小音乐家"等称号，为他之后的道路奠定了坚实的基础。

梁思成十八岁那年，见到了父亲好友林长民的女儿——十五岁的林徽因。按传统惯例，两人都早已到了谈婚论嫁的年龄。于是，在梁启超和林长民的有意安排下，就有了两人1919年那次看似普通、实则是谋划已久的相识。

林徽因，原名林徽音，林长民与大姨太何雪媛唯一的孩子。她的名字是祖父林孝恂取自《诗经·大雅·思齐》中"思齐大任，文王之母。思媚周姜，京室之妇。大姒嗣徽音，则百斯男"中"徽音"二字。后来发现与一个经常在报刊上发表诗歌的男性作家重名，便将名字改为林徽因。

林徽因12岁时，父亲林长民调到北平工作，从此，全家人告别了上海，一起搬到北平，定居于雪池胡同2号，林长民将小院取名为"雪池斋"。

雪池胡同位于景山公园西侧，这里原本是作为皇家冰窖，向宫中供冰。现已荒废，只剩其中一两座遗址。

林徽因被送进培华女子中学读书，和表姐一起接受西式教育。这是一家英国学堂，在这里，林徽因度过了她情窦初开的少女时光。

梁思成和林徽因相识后，互相吸引。

第一次约会，林徽因回忆：

"那时我才十七八岁，第一次和思成出去玩，我摆出一副少女的矜持。想不到刚进太庙一会儿，他就不见了。忽然听到有人叫我，抬头一看原来他爬到树上去了，把我一个人丢在下面，真把我气坏了。"

在梁思成和林徽因相恋后，双方父母不希望他们因感情而影响读书，决定让他们先订婚，完成学业后再举行婚礼。

两人在谈恋爱之余，依然在清华学堂和培华女子学校攻读。

相恋一年后，林长民到英国进行学术交流，把林徽因也带到了英国伦敦。林徽因在伦敦考入了圣玛利学院，攻读建筑学专业。

在伦敦，林徽因与徐志摩相遇。她被徐志摩的才华所吸引，开始对新诗感兴趣。十六岁的林徽因和徐志摩漫步于康桥。徐志摩虽已为人父，他依然被林徽因所吸引。徐志摩在一篇文章中写道，在二十四岁以

前赵家楼胡同

位于北京东城，东起北总布胡同，西至宝珠子胡同，南邻小羊宜宾胡同，北有后赵家楼胡同。

明朝文渊阁大学士赵贞吉曾在此居住，因胡同里的赵家三层小楼而得名。与后赵家楼胡同统称为赵家楼胡同，后也称赵家楼。

前赵家楼胡同一号是曹汝霖的住宅，1919年5月4日，学生们来到赵家楼胡同，火烧曹宅，拉开了一五四运动的序幕。现在改建为赵家楼饭店。

前，他与诗完全没有相干，是与林徽因的相遇，才激发了他的新诗创作。

但林徽因见到徐志摩的妻子张幼仪后，决定离开。林长民为了让女儿避开徐志摩的追求，1921年的秋天，提前让她回国。

林徽因不告而别，只给徐志摩留下了一封分手信，便断了一切与他的联系。

徐志摩得知林徽因回国的消息，从伦敦追回中国，直奔他一直向往的雪池斋。

"长者有女年十八，游学欧洲高志行。君言新会梁氏子，已许为婚但未聘。"看到雪池斋挂着的诗句，徐志摩只得独自离开。

1923年纪念五·七国耻日，大学生们在长安街上举行了游行示威活动。位于南长安街附近的梁家大院，是游行队伍经过的地方。梁思成推出摩托车，带着弟弟去追游行的队伍。当他们从胡同口转入长安街时被一辆大轿车直接撞倒，梁思永被甩出去，侧翻在地的摩托车把梁思成压在下面。梁思永不顾自己流着血的伤口，边往家跑，边叫道："快救救思成！"

梁思成从摩托车下出来时，脸色很苍白，身体也没有了知觉，他握住父亲的手说："爸爸，我是您的不孝儿子，在您和妈妈把我的全部身体交给我之前，我已经把它毁坏了。"

梁思成被送往医院，医生判断他骨头并没有断裂，不需要动手术。但梁思成的情况越来越糟，进一步检查，才发现他是股骨复合性骨折。因为没有得到及时的治疗，使一个原本简单的手术反复做了三次。最后，手术成功了，但他的左腿也明显比右腿短了一大截。

秋末，在梁思成的一再要求下，医生同意他出院休养，梁启超也将去美国进修的计划推迟了一年。

住院前，梁思成和林徽因约定一起出国留学，因为这场车祸，林徽因也推迟了自己的留学计划，留在梁思成身边照顾他。

1924年，梁思成和林徽因推迟了一年的去美国学习之事，被安排上了日程。当两人谈论出国要学习什么专业时，林徽因说她将来要学建筑。于是，梁思成也选择了建筑学。

在国外，两人学业都很紧张，他们约会的地点便定在图书馆，一起读书就当作是约会了。依然深爱着林徽因的徐志摩，也会经常跑到学校去找林徽因。

雪池胡同

位于北京西城，在景山公园和北海公园之间，位于陟山门街上的一条往北拐的胡同，南北走向，南接陟山门街，北连房钱库胡同。胡同北段背靠北海公园。

清朝这里有六座皇家冰窖，如今还残存两座，因冰窖而得名雪池胡同。

1921年，林长民一家回国到北京居住，就住在景山雪池胡同2号，林徽因也在这里度过了她的童年。

对于徐志摩的追求，林徽因和梁思成在进入图书馆独立的读书室后，就用钥匙锁上了门，并在门上贴了一张用英文写着"情人不愿受干扰"的纸条，他们用这种方式拒绝了徐志摩的爱意。

热恋中的梁思成在国外为了给林徽因过生日，他亲手制作了一面仿古铜镜，铜框中镶嵌了块圆玻璃，经过细心的仿古处理后，梁思成得意地把铜镜拿给教东方美术史的教授鉴定年代。梁思成故意把有玻璃的正面放在下面，只让教授看到经过自己仿古处理的铜镜的背面。教授看着桌上的铜镜，断定这是中国隋朝的物品，还希望梁思成高价转让给他。林徽因和梁思成急忙把铜镜翻过来，向教授解释。

1925年，两人在国外还未完成学业，林徽因的父亲林长民被张学良军队伏击，不幸身亡。林徽因悲痛欲绝。林长民的离世，不仅让林徽因失去了最疼爱她的父亲，林家也因此失去了最坚实的顶梁柱。对此，梁思成一直陪伴在林徽因的身边，宽慰她，希望她能尽快从悲痛中走出来。

1928 年，林徽因和梁思成都以优异的成绩拿到了学位证书，在林长民去世三年后，梁思成和林徽因也步入婚姻的殿堂，终于结束了八年的恋爱。3 月 21 日是宋朝《营造法式》作者李诫一生中唯一有记载的日期，他们选择了这个日期，为的就是向两人心中共同的偶像表达一种敬意。

婚礼在国外举行，梁启超拜托渥太华中国领事周希哲主婚。

梁启超把两家选定的聘礼交给林徽因，梁家是一红一绿两方玉佩，林家为林徽因准备的本是一个玉印，听说梁家准备的是一对，便也改为双印。

婚后梁思成与林徽因留在欧洲游玩，直到 8 月才回国内。

1929 年 1 月 19 日，梁启超病逝。梁思成和林徽因一起为他在香山卧佛寺东侧设计了一个古朴庄重的墓碑。这也是两人回国后一起联手设计并亲自监督完成的第一件作品。

1930 年，林徽因和梁思成都在东北大学授课，林徽因受不了寒冷的天气患上肺病，只能回北京休养。梁思成也在结束了自己在东北大学建筑系的课程后，回北京照顾林徽因。

回到北京，梁思成与林徽因搬到了东城区的北总布胡同 3 号。在这里，他们一起居住了七年，直到战争来临。

北总布胡同位于东城区，南北走向，金宝街东口往西，南北走向，与后赵家楼胡同、小羊宜宾胡同相通。

林徽因在这个院子里一边休养，一边恢复了她的写作生涯。那所房子也成为之后有名的"太太的客厅"。

北总布胡同除了梁思成夫妇两人，还有搬到他们家附近的邻居金岳霖，几人志趣相投，他也经常会去"太太的客厅"做客。在北平文化界，这里是文化人士重要的聚会场所，沈从文、萧乾、费正清等都是这里的常客。

在北总布胡同的生活中，梁思成和林徽因一起去了很多地方，实地调查、研究，了解中国许多地方的古建筑，他们发现了世界上现存最早、保存最好的石拱桥河北赵县隋代赵州桥，以及位于山西的辽代佛宫寺木塔，这是世界上现存最高的木构建筑。

正如《城记》的作者王军说的，"没有他们这段时间的工作，中国的古建筑研究要推迟20年"。他们为中国建筑史及文物保护做出重要贡献。

1931年林徽因的病情日益加重，协和医院的医生建议她到山上静养，不能再劳累。她离开北总布胡同到香山养病。

1931年11月19日，协和的小礼堂里灯火辉煌，讲台上病情有所好转的林徽因正在演讲她准备已久的中国古典建筑美学讲座。

二十日早晨，北平《晨报》报道，昨晚从南京起飞终点是北平的"济南号"突然坠机，飞机上的乘客和机组成员无一人幸存。赶回北平参加林徽因演讲的徐志摩就在遭遇事故的"济南号"上。

徐志摩的追悼会在北京举行，林徽因亲自主持，

北总布胡同

位于北京东城，北起金宝街，南至东总布胡同，南北走向，全长394米。

北总布胡同过去称为城隍庙胡同，因街内有一城隍庙而得名。后由于胡同与东总布胡同相连，被改名为北总布胡同。

北总布胡同3号和24号分别为梁思成和林徽因、金岳霖和叶浅予的故居。

1930—1937年，梁思成和林徽因夫妇两人在此居住的七年间，有了文人圈内著名的"太太的客厅"。

发表散文《悼志摩》追悼他。

林徽因在追悼会后将一块飞机的残骸挂在房间里。徐志摩的死对她来说影响很大。他是林徽因文学道路上的引路人，她从徐志摩这里得到了较好的文学启蒙。

"徐志摩当初爱的并不是真正的我，而是他用诗人的浪漫情绪想象出来的林徽因，而事实上我并不是那样的人。"林徽因如是说。

1933年，沈从文带着萧乾第一次来"太太的客厅"。萧乾知道去林徽因家做客的人，几乎都是学术界和文学界很厉害的人，这让他这个还在燕京大学新闻系读书的学生十分紧张。

萧乾刚进门，见到林徽因时就愣住了，他从老师沈从文那里知道林徽因的肺病非常严重，当他看到穿着一套骑马装坐在院子中的林徽因时，非常震惊。林徽因看见沈从文身后的萧乾，热情地向他介绍了在座的其他人。

"喝茶，不要讲客气，越随便越好！你的《蚕》我读了几遍，刚写小说就有这样的成绩，真不简单！你喜不喜欢唯美主义的作品，你小说中的语言和色彩，很有唯美主义味道。"林徽因很主动地与萧乾说起了他的小说《蚕》。

1937年夏，林徽因在山西五台山研究中国最古老的木结构建筑唐代佛光寺大殿，"七七事变"爆发，北平沦陷，她被迫中断了野外调查的工作和梁思成一起从天津到济南，再南下，前往长沙，最终辗转到了昆明。

林徽因和梁思成的工作越来越艰苦，住在破旧的农舍里。林徽因肺病复发，去重庆检查身体，医生告诉他们，林徽因的肺病已经到了晚期。

抗战胜利，他们重返北京，住进清华大学新林院8号宿舍。

新林院8号的院子很大，供暖不太稳定。冬天有时需要靠煤炉生火取暖，梁思成为了把室内弄得暖和一些，在屋内生了四个半人高的大铁炉子，每天生火、加煤、倒煤渣，他一个人来做。林徽因的身体越来越弱，留下了肺病的病根，常年需要服药、打针。梁思成从刚开始什么都需要学习，到后来给林徽因打针、喂药，都不在话下。

新中国成立后，两人担心城内的古建筑，就一起编绘了《全国文物古建筑目录》，又确立改建方案，抢救在战火中所剩不多的需要保护的文物建筑名单和各种手工艺。

对于文物建筑的保护，两人出现了少有的分歧。林徽因觉得应修建"城墙公园"将建筑保护起来，梁思成主张应远离北京古建筑和城墙，将新北京修建在远离建筑群的西郊。两人多次发生争吵，而政府和群众开始了拆除的计划。为挽救四朝古都仅存的一些牌楼和街道，梁思成与政府官员产生了强烈的矛盾，终究是没有争取到任何保护措施，自己也被多次批判。

1949年《人民日报》登出一则征求国旗、国歌和国徽的启事。梁思成、林徽因夫妇两人精心地设计了在一块圆形的玉璧上面装饰着麦穗、齿轮等图案的手稿。林徽因不仅是设计小组的领导者，也是设计思想的主要源泉，虽然他们一起设计的玉瑗方案最终没有

沙滩后街

位于北京东城，胡同东起沙滩北街，西至景山东街，在景山公园东侧和故宫北侧。

沙滩后街最早被称为马神庙街，因胡同内有马神庙而得名，后改称沙滩后街。

现在的胡同内有一条名为大学夹道的小胡同，保留着以前北京大学的本体，还有人民教育出版社的大楼。

被采用，但这也是林徽因生病以来做得最开心的事情。

1954年，林徽因住进同仁医院，躺在病床上，她的身体已经不能动了，她开始拒绝吃药救治，将一些自己还没有实现的想法，口述给学生，让他们帮助自己去实现。

1955年4月1日6时20分，林徽因病逝于同仁医院，终年五十一岁。

梁思成曾问林徽因："有一句话，我只问这一次，以后都不会再问，为什么是我？"

林徽因回答他："答案很长，我得用一生去回答你，准备好听我了吗？"

林徽因最终用她的一生回答了梁思成一生只问一遍的问题，梁思成也听着这个答案度过了两人在一起的二十多年。

林徽因的追悼会在金鱼胡同贤良寺举行，遗体被放在八宝山革命公墓里。

金岳霖给她的挽联写道："一身诗意千寻瀑，万古人间四月天。"

墓碑上刻着"建筑师林徽因墓"。墓碑下方放着的那块汉白玉，是现在天安门前人民英雄纪念碑第一

次试刻时使用的，这是献给创作这个纪念碑的设计师最独特的礼物。

　　林徽因离开后，梁思成一人住在颐和园养老，经常到河边画画、看报、钓鱼，之后，娶了比自己小 27 岁的林洙。

　　1972 年的冬天让梁思成感觉不到任何温暖，他在医院的病床上已经躺了三年，似乎明白了当年的林徽因为什么坚持不再吃药。

米粮库胡同

位于北京西城，景山公园北侧和北海公园东段，西接恭俭胡同，东至地安门内大街。

米粮库胡同因以前胡同里有存放米粮的仓库而得名。

米粮库胡同40号，胡适曾居住的地方，其间他把《新青年》编辑部也设在这里。近代大多数文化人如梁思成、林徽因、徐悲鸿、徐志摩等都在这里聚会过。

陈宗蕃1923年在米粮库胡同东口建了一座花园式的住宅，取名"淑园"。辅仁大学校长陈垣、北大教授傅斯年均先后在淑园居住。

梁思成的精神一天一天地弱下来。最终，一代建筑师病逝在北京医院。

"北京古城所承载的信息，不是皇帝个人以及封建王公大臣的，是全民族的，是勤劳聪明的中国人用砖石垒成的史书。现在，人们不懂得她的珍贵，把她大卸八块随意糟蹋，50年后，相信会有人后悔！"

林徽因和梁思成去世后，北京政府开始复建中轴线上的永定门，以恢复古都风貌，很多被拆掉的古建筑又重新修建了起来。

"勿道人之短，勿说己之长；人骂之一笑，人誉之一笑。"

12

"似旧青山识我无，少年心无迹都殊。扁舟隔浪丹青手，双鬟无霜画小姑。"

南锣鼓巷附近还藏着另一个故居。

南锣鼓巷南口的雨儿胡同，东起南锣鼓巷，西至东不压桥胡同。雨儿胡同的入口并不明显，胡同口有许多店铺，刚进南锣鼓巷的人就很容易错过。

雨儿胡同与后圆恩寺胡同相比，人流量大，很多人会选择逛完后海，再从这里直接到南锣鼓巷。

13号院门口的人也很多，大家都忙着在门口与纪念馆合照，门口站的人太多，以至于我都没拍上一张完整的照片就匆匆买了门票进到故居里面。

绕过影壁，第一眼看到的就是院子里挂着拐杖站在中央的齐白石老人的雕像。南、北、东、西各有一间展厅，北面的三间屋子，是齐白石生前的画室、卧室和饭厅。四个展厅里有两个展厅详细地用图片和文字，介绍白石老人从湘潭到五出五归，到最后在北京定居的生活。

正厅则分割出三部分，进门右手边是白石老人作画的书桌，还摆着铺平的纸张，和一些画画的工具。墙上挂着一幅白石老人的画作和书法。右边是按照齐白石老人在世时的习惯摆放着的一些简单家具，这里是会客厅。

剩下的一间展厅，作为一个小型的纪念品购物超市，把白石老人画中的元素和画册做成各种文创产品，让每一个游客有机会把喜欢的画作带回家。

"少年为写山水照，
自娱岂欲世人称。"

1864 年元旦，齐白石出生在湖南湘潭白石铺的一个贫农家中，祖父齐万秉依照齐家族谱取名纯芝。

齐白石小时候不喜欢跟着教书先生描红，他在账本上画自己看到的各种东西。一次回家路上，邻居家门上挂了一幅新的雷公神像，他便从书包里取出自己的笔墨砚台，在邻居家门前用描红纸认真画起来，画了好几张不满意，最后还是借来板凳，把纸铺在门上，用描红的方式，勾出神像的形状，摘下来的时候简直就和门上的画像一模一样，围观的人就让他再多画一些。

齐白石只在学堂上了一年的学，15 岁后，就跟着

雨儿胡同

位于北京东城，从南锣鼓巷往北，路西第三条胡同就是雨儿胡同。

雨儿胡同东西走向，东起南锣鼓巷，西至东不压桥胡同，全长 343 米。

雨儿胡同 13 号院为国画大师齐白石故居。

当地的木匠学做手艺，当地人都亲切叫他"芝师傅"。

27 岁时，木匠师父把他的"纯芝"改为"璜"，又根据他家住白石铺附近，给他取了"白石山人"的别号。后来把"山人"去掉，直接叫他齐白石。

学手艺的途中，他不仅拜雕花木工周之美为师，还经常向陈少蕃请教诗文。他边用《芥子园画谱》的残本学习，边把上面的花鸟、人物画一一拓下来。

齐白石评价自己的手艺水平时说："我诗第一，印第二，字第三，画第四。"

直到四十岁，齐白石才短暂地离开家乡，开始他五出五归的游历。

再次回到家乡，恰逢战乱，又收到樊樊山给他写的信件，齐白石再次辞别家人，只身一人北上，开始了他晚年在北京定居的生活。

郭葆生与齐白石同是湘潭人，两人在家乡就已结识，相互照应。齐白石几次遇到困难，郭葆生都帮助了他，让他在自己的家中避难。

1919年，齐白石定居北平。他从前门外西河沿旁排子胡同里郭葆生的家中搬到宣武门外教子胡同的法源寺内。

齐白石开始卖画刻印，干起了自己的老本行，以此为生。刚到北平的齐白石，不论是雕刻还是绘画，都没有任何名气，再加上他的画风，都是冷逸的八大山人风格，在北方粗狂的民风下，并不受老百姓喜爱，一个精心绘制的扇面卖价只有市面一般画家的一半，但胜在手艺精细，也有不少人会为了实惠的价格，买来收藏，靠这些零散的收入，齐白石勉强地维持着自己的生活。

每到夜晚，齐白石在法源寺内，看着自己卖不出去的字画，总会想起远在湖南的父母家人，久久不能入睡。

齐白石在艰难的时刻认识了梅兰芳，同好友齐如山一起到芦草园拜访了梅兰芳。在梅兰芳的"缀玉轩"，齐白石认识了大量的画家和诗人。

梅兰芳一直很喜欢齐白石画的草虫，梅兰芳仔细地看着齐白石作画的动作，主动唱了一段《贵妃醉酒》，拜齐白石为师，向他学习绘画。

梅兰芳的芦草园院子中一年四季都种满了各种花草，齐白石就时常到芦草园的院子里研究上一整天。之后，齐白石的画作中大量出现碗口般大的牵牛花。牵牛花成为齐白石花鸟画中最具有代表性的题材之一。

六十岁的齐白石仍然只能靠卖画，勉强维持自己的生活。一次，齐白石的画作在琉璃厂南纸店被一些外国人点名要收藏，南纸店的老板把之前卖不出去的齐白石画的价格往上翻了好几倍，依然只要挂出来，就全部卖出去了。

其实，这一切源于另一位国画大师陈师曾。

陈师曾在琉璃厂被齐白石的手艺所吸引，便托人打听到他的住所法源寺，两人多次在一起探讨画作。

1922 年 6 月，陈师曾到日本参加中日联合会展，带着齐白石的几幅山水画参展，以最低一幅一百银币的价格卖出，比国内的价格高上好几倍，最贵的一幅二尺长的山水画，被卖到二百五十银币。

陈师曾还没从展会回来，齐白石的画作和名声已经传到了美洲、欧洲等各个国家。许多外国人到中国寻齐白石的各种画作，而琉璃厂曾经卖不出的画，全部被翻出来买走。

1926 年，连续生病一个星期的齐白石，花 2000 银元买下了西城跨车胡同 13 号带跨院的小三合院。

跨车胡同位于西城，曾经的跨车胡同连接太平桥大街和辟才胡同，是一条远离街道的小胡同。现在的跨车胡同只是一个交界路口，只剩下一个 13 号的门牌，作为齐白石故居。

62 岁的齐白石花了近十年的时间，终于有了一个安定的家。齐白石定制了一排铁栅栏，放在临街的走廊外面，后来齐白石故居又被叫为铁栅屋。

齐白石受北平艺术专门学校校长林风眠的邀请，给学生们上课。他刚开始并没有答应，心想自己是从南方到北方来的乡巴佬，还只上过半年学，对于上课和讲画画，尤其是西式美术的教育，他不敢轻易答应。在林校长和许多朋友的再三劝说下，齐白石抱着试一试的心态答应了。

第一次课，齐白石不知道该怎么讲，就坐在画架前，让学生们看，他做示范。

随着在琉璃厂齐白石画作的盛行，市场上也开始出现一些他的伪画。他本以为只是商户间的炒作，直到梅兰芳告诉他，他在一个朋友家看到了一幅《春耕图》很喜欢，希望齐白石再为他画一幅。齐白石听了，从存放画作的盒子里，翻出《春耕图》时，十分气愤。

《春耕图》是他五十岁左右画的，一直收在自己的手中，从没有卖出去过。精心比对两幅画作，他指着画说："早听说市肆上已经慢慢有伪造我的画了！你看这树干的线条是一气呵成的吗？还有这图章。"他从自己印泥盒子里取出"三百石印斋"："你翻翻，印章像不像？"

位于西城，南起辟才胡同，北至太平桥大街，南北走向。

跨车胡同在清代叫车子胡同，因胡同中有车厂，故名。后因拓宽道路，胡同的房屋均被拆除，现只剩下南口13号一个住户，即齐白石故居。跨车胡同是齐白石在北京居住时间最长的地方。

在跨车胡同之前，最短的胡同要数文津街，文津街只有一个国立北平图书馆的门牌，后来被并入杨梅竹斜街。

《春耕图》有假的事情发生后，喜欢他的人都会带着新收的画作来找他，请他亲自鉴定、辨别。齐白石理解他们担心买到伪画的心情，耐心地为每一个登门的人进行真假鉴别。许多人也把辨别齐白石绘画真假的问题，当成了日常，看到他的画作被挂出，都会走上前仔细端详一番。

九一八事变后，日本占领东北三省。来家中拜访齐白石请他吃饭的日本人越来越多。他刻意地减少了与所有人的来往，他把跨车胡同13号的大门紧紧关上，从里面挂上一把锁。

在此之前，齐白石很感激日本人把他的画传向各国，他对每一个来跨车胡同专门探望他的日本人，都会大方地给他们题字。但现在，他用自己的方式抵抗日本人的行为——不给日本人回信，不见日本人。

日本军方的人多次拜访跨车胡同，他斩钉截铁地说："齐璜，中国人也，不去日本。你硬要齐璜，可以把齐璜的头拿去。"并在紧闭的大门上又加上了一张"白石老人心病复作，停止见客"的字条。为了在战乱期间维持生活，齐白石只得在纸条上补写上："若关作画刻印，请由南纸店接办。""画不卖与官家。"

从此，齐白石家的大门整日紧闭，除了时或有人抱着几幅卷轴出入，其余人都是被门房问清姓名、事情，如是他不想见的人，便让门房回答"主人不在"。

其中有一次，齐白石的得意门生张次溪就被齐白石的小儿子不懂事地拒之门外。张次溪到齐白石家中拜访，门房不认识他，以为又是一个想看主人的闲人，直接被回绝。张次溪在门缝中对齐白石的小儿子说，我是你爸爸的朋友，来看看他。小孩子不懂事只想着玩，便回他："爸爸在画画不见客人。"张次溪生气地离开，回到家就给白石老人写信，说了整件事情。

齐白石看到信后，无奈地笑了，便提笔写了回信"从来忘年之交未必拘于形迹，嬉笑怒骂，皆有同情，是谓交也。一访不遇，疑为不纳，吾贤非也。一函不复，猜作绝交，吾贤尤非。虽往返有年，尚不见老年人之心，猜疑之心长存，直谅之心不足，吾贤三思……"

张次溪再次来齐白石家中时，齐白石亲自开门迎接，高兴地拉着张次溪说："你又不是外人，下次来时，只要听到门内我的脚步声音，你高声报名，我知道你来了，就开门接你。免得你伏在门缝上，悄悄窥探。"

1939 年，齐白石七十五岁，一个朋友告诉他，按他的八字，在他七十五岁时会有大灾难，建议增加两岁，直接跳过七十七岁，用"瞒天过海法"逃过七十五这一劫难。自此，齐白石的年龄便比自己的实际年龄大了两岁。

战争持续，齐白石做了一个很奇怪的梦。

"立在余霞峰借山馆的晒坪边，看见对面小路上有抬殡的过来，好像是要走到借山馆的后面去。殡后随着一口没有上盖的空棺，急急地走到殡前面，直向我家走来。我梦中自想，这是我的棺，为什么走得这样快？看来我是不久人世了。心里头一纳闷，就惊醒了。"

梦醒后，齐白石觉得这是一种暗示，很有可能自己将在不久后离开人世，便写了一副自挽联放在书房中。

"有天下画名，何若忠臣孝子；无人间恶相，不怕马面牛头。"

不久，日本无条件投降的喜讯传到北京。齐白石才又开始他卖画刻印的生活，在琉璃厂，他的200多张画虽然全都被卖了出去，但价格加起来竟买不到10袋面粉。

新中国成立后，工人、农民和学生们涌入长安街，队伍越来越热闹，口号声、锣鼓声从天安门传到了齐白石跨车胡同的画室。他拄着拐杖，走到胡同口，看到一条看不见头的队伍，几十万人的游行队伍。

齐白石从辛亥革命到抗日战争，现在，他终于看到了战争胜利的北平。他回到画室，他画下了街上游行的工人和学生。他忘记了自身的虚弱，画游行队伍中的人们，一连画出好几幅作品也不觉疲倦。

文华胡同

位于北京西城，东起佟麟阁路，西至闹市口中街，东西走向。文华胡同中段有向北的分支，连接文昌胡同。全长454米。

明宣宗的二女儿顺德公主下嫁给住在附近的石驸马，宅邸就在这一带，所以被称为石驸马后宅。

后来，为纪念李大钊才将其改为文华胡同，文华胡同24号院是李大钊北京故居。李大钊及其家人1920年至1924年居住了将近四年。

白石老人迎来了创作的新阶段，他开始用自己的方式表达对和平、对工农联盟的称赞。

1950年4月的一个上午，跨车胡同13号接待了一位特殊的客人——毛主席的秘书田家英。田家英受毛主席委托，请齐白石到中南海做客。

齐白石在家早早地穿戴整齐，看着时间，胡同口响起了汽车的喇叭声，他招呼大家扶他出去，齐白石拄着拐杖兴奋地上了车。

汽车停在中南海一栋古式的庭院前，齐白石下车看到毛主席正站在屋前。毛主席亲自搀扶着齐白石，用地道的湘潭话与他交谈："我们是老乡，在家乡没见过，想不到在这里见面了。"两人紧握着对方的手，激动得说不出一句话来。

进入丰泽园，他们从家乡的山水、风俗，谈到友人往事，再从绘画艺术的继承创新，谈及家里的生活和情况，一直聊到天黑，毛主席留下齐白石吃一顿湖南口味的便饭，又派人把他送回跨车胡同。

"这一天，是我一生中最难忘的一天。我一辈子见过有名望有地位的人不计其数，哪有像毛主席这样诚挚待人、和蔼可亲的，何况他是人民的领袖、国家的元首。"白石老人这番话，洋溢着满满的骄傲。

1955年，由文化部出钱为齐白石在雨儿胡同购置了新的院子，但齐白石在雨儿胡同居住了不到半年，习惯跨车胡同的他，又搬回了跨车胡同。但齐白石最后很多重要的作品，是在这里完成的。

雨儿胡同位于东城区南锣鼓巷的附近，从南锣鼓巷南口进，路西第三条东西走向的胡同就是。

1956年，世界和平理事会国际和平奖金评议委员会上，齐白石凭一幅长3米、高2米多的《和平颂》国画，被评选为1955年度全世界国际和平奖金的获得者。《和平颂》由郭沫若题写标题，画作由齐白石带领13位书法名家共同完成。

"和平奖"每年都会从全世界为和平事业做出过贡献的人中选出四位获奖者，刚成立的中华人民共和国借这次活动扩大了国际影响力。获奖者中，齐白石是唯一的中国人

齐白石在热烈的掌声中获得了这一荣誉，这不仅是他个人的荣誉，也是全中国人民的。他从茅盾手中接过蓝色封面的奖状和一枚金质的奖章，郭沫若站在齐白石身边，在茅盾替他戴好奖章后，弯下腰，轻声

地把奖状上的词念给齐白石听。白石老人听着获奖词，看着台下的人，他笑得不停地点头。

白石老人满怀激动的心情致答谢辞："世界和平理事会把国际和平奖金获得者的名义加在齐白石的名字上，这是我一生至高无上的光荣，我认为这也是给予中国人民的无上光荣。

"正由于爱我的家乡，爱我祖国美丽富饶的山河大地，爱大地上一切活生生的生命，因而花了我的毕生精力，把一个普通中国人的感情画在画里，写在诗里。直到近几年来，我才体会到，原来我追逐的就是和平……"

1957年，九十多岁高龄的齐白石，经常一整天没力气说话，他坚持每天画一些东西，但经常落笔就忘记一些东西。标题中的字不是少了就是多写了一些笔

新壁街

位于北京西城区，东起北新华街，西至未央胡同，平行于宣武门东大街，东西走向。胡同东口离地铁2号线和平门站只有一个十字路口，不到500米。

明代称厂墙街，后改称新壁街。

原本的新壁街西口只到南翠花街，后来经过拓宽延长，才连通北新华街和未央胡同。

京剧大师梅葆玖就曾在新壁街居住。

画，有时连名字都会重复写上好几遍。

朋友们劝他注意休息，少画些，周总理也专门准备了最好的中西医专家，到白石老人家里为他进行定期的身体检查。

中国木偶艺术剧团选派了二十多位技艺精湛的演员，到齐白石家里，为他表演他喜欢的木偶戏，白石老人看完演出，非常激动，送演员们离开时，与他们一一握手，感谢他们的一片心意。

9月16日，齐白石早上起床，身体感到不舒服，家人叫来医生，北京医院为齐白石成立了一个独立的中西医专家小组，赶往跨车胡同为他诊治。经过一上午的努力，老人的情况没得到好转，他还努力睁开眼睛，微笑地对众人说，还不至于有什么太大的妨碍。

下午，齐白石老人安详地停止了心跳。

照齐白石生前嘱咐，灵柩是他二十多年前亲自设计的，用的是故乡湖南出产的杉木，漆了几层厚漆。刻着他姓名籍贯的石印两方和使用了快三十年的红漆拐杖等一并入殓。

参考资料

沈从文著、张兆和主编：《沈从文全集》，太原：北岳文艺出版社，2003.05。

张新颖著：《沈从文的前半生 1902–1948》，上海：上海三联书店，2018.02。

张新颖著：《沈从文的后半生 1948–1988》，上海：上海三联书店，2018.02。

沈从文著：《从文自传》，北京：当代世界出版社，2019.01。

秦林芳著：《丁玲的最后 37 年》，北京：中国文史出版社，2005.07。

李向东、王增如编著：《丁玲年谱长编》，天津：天津人民出版社，2006.01。

丁玲著：《丁玲自传》，南京：江苏文艺出版社，1996.07。

许寿裳著：《鲁迅传》，北京：九州出版社，2017.08。

胡高普、王小川著：《中华传记鲁迅全传》，武汉：华中科技大学出版社，2013.10。

鲁迅著：《鲁迅自传》，南京：江苏文艺出版社，2012.01

范阳阳著：《古国的呐喊 鲁迅传》，长春：长春出版社，2018.01。

余连祥著：《逃墨馆主茅盾传》，杭州：浙江人民出版社，2006.04。

李标晶著：《茅盾传》，北京：团结出版社，1990.11。

钟桂松著：《茅盾画传》，上海：复旦大学出版社，2005.01。

茅盾著：《茅盾自传》，南京：江苏文艺出版社，1996.07。

林海音著：《城南旧事》，南京：江苏文艺出版社，2020.08。

夏祖丽著：《从城南走来：林海音传》，北京：生活·读书·新知三联书店，2003.01。

老舍著：《老舍自传》，广州：广东人民出版社，2018.05。

徐德明著、舒济供图：《图本老舍传》，长春：长春出版社，2015.01。

梅兰芳著：《舞台生活四十年：梅兰芳回忆录》，北京市：新星出版社，2017.01。

李仲明、谭秀英著：《百年家族：梅兰芳》，石家庄：河北教育出版社，2002.01。

刘彦君著：《梅兰芳传》，北京：中国戏剧出版社，2014.01。

郁达夫著：《郁达夫自传》，南京：江苏文艺出版社，2012.01。

方忠著：《郁达夫传》，上海：复旦大学出版社，2012.01。

温梓川著、钦鸿编：《郁达夫别传》，银川：宁夏人民出版社，2006.12。

陈恕编：《冰心全传》，北京：中国青年出版社，2011.08。

传盖琳著、温儒敏主编：《爱的守望者冰心》，长春：长春出版社，2017.01。

冰心著：《冰心自传》，南京：江苏文艺出版社，1995.09。

汪曾祺著、梁由之主编：《逝水》，上海：上海三联书店，2019.07。

陆建华：《草木人生汪曾祺传》，江苏凤凰文艺出版社，2019.04。

汪凌著：《汪曾祺画传》，郑州：大象出版社，2017.09。

白落梅著：《你若安好，便是晴天：林徽因传》，长沙：湖南文艺出版社，2019.06。

［美］费慰梅著、曲莹璞等译：《梁思成与林徽因：一对探索中国建筑史的伴侣》，北京：中国文联出版社，1997.09。

丁文江、赵丰田编著：《梁启超年谱长编》，上海：上海人民出版社，2009.04。

梁启超著：《梁启超自传》，南京：江苏文艺出版社，2012.01。

齐白石口述、张次溪笔录：《白石老人自述》，北京：生活·读书·新知三联书店，2014.04。

林浩基：《齐白石传》，北京：团结出版社，2018.01。

齐白石著：《齐白石自传》，南京：江苏文艺出版社，2012.01。

王佳桓编著：《北京老城区的胡同》，北京：北京出版社，2018.12。

邱阳著：《胡同面孔古都北京的人文旅行地图》，桂林：广西师范大学出版社，2004.06。

老舍、萧红、林徽因、史铁生等著：《深深尝了人间味》，北京联合出版公司，2019.09。

图书在版编目(CIP)数据

北京胡同文化名人 / 唐玄著. -- 北京 : 北京燕
山出版社, 2021.12
ISBN 978-7-5402-5157-4

Ⅰ. ①北 Ⅱ. ①唐 Ⅲ. ①胡同－文化－名人－生
平事迹－北京 Ⅳ. ①K825.4

中国版本图书馆CIP数据核字(2021)第256346号

北京胡同文化名人

作　　者：唐　玄
责任编辑：朱　菁　任　臻
营销编辑：涂苏婷
摄　　影：唐　玄　朝　阳
出版发行：北京燕山出版社
地　　址：北京市丰台区东铁匠营苇子坑138号C座
邮　　编：100079
电话传真：010-65240430
印　　刷：北京富诚彩色印刷有限公司
版　　次：2022年1月第1版
印　　次：2022年1月第1次印刷
开　　本：880mmX1230mm　1/32
印　　张：8
字　　数：254千字
书　　号：ISBN 978-7-5402-5157-4
定　　价：58.00元